文化传承发展
百人谈

陈岚 李鹏 主编

四川人民出版社

图书在版编目（CIP）数据

文化传承发展百人谈. 壹 / 陈岚, 李鹏主编. — 成都：四川人民出版社, 2024.5
ISBN 978-7-220-13670-2

Ⅰ. ①文… Ⅱ. ①陈… ②李… Ⅲ. ①中华文化—文化发展—研究 Ⅳ. ① G122

中国国家版本馆 CIP 数据核字（2024）第 092656 号

WENHUA CHUANCHENG FAZHAN BAIREN TAN
文 化 传 承 发 展 百 人 谈

陈 岚　李 鹏　主编

出 版 人	黄立新
策划统筹	陈蜀蓉
责任编辑	陈蜀蓉
特约编辑	栾 静
装帧设计	李其飞
责任校对	喻小红
出版发行	四川人民出版社（成都三色路238号）
网　　址	http://www.scpph.com
E-mail	scrmcbs@sina.com
新浪微博	@四川人民出版社
微信公众号	四川人民出版社
发行部业务电话	（028）86361653　86361656
防盗版举报电话	（028）86361661
照　　排	成都木之雨文化传播有限公司
印　　刷	成都市火炬印务有限公司
成品尺寸	165mm×230mm
印　　张	18
字　　数	250 千
版　　次	2024 年 4 月第 1 版
印　　次	2024 年 4 月第 1 次印刷
书　　号	ISBN 978-7-220-13670-2
定　　价	89.00 元

■版权所有·侵权必究

本书若出现印装质量问题，请与我社发行部联系调换
电话：（028）86361656

《文化传承发展百人谈》编委会

主　编：陈　岚　李　鹏

副主编：姜　明　赵晓梦

责　编：栾　静　赖永强　毛漫丁　颜　婧　马艳琳
　　　　黄　颖　史　册　任　鸿　喻　茂

编　辑：裴　蕾　王向华　黄　勇　朱　玲　余义勇
　　　　梁　庆　杜馥利　李　蕾　张濛濛　郭雨荷
　　　　周芷冰　朱文博　沈晓颖　刘津余

采　写：吴晓铃　余如波　王国平　付真卿　肖姗姗
　　　　成　博　黄　潇　吴　聃　吴　枫　李　强
　　　　李志强　韦　维

赓续中华文脉的有益尝试
——《文化传承发展百人谈》编辑出版代序

文化，是一个国家、一个民族的灵魂。文化兴则国运兴，文化强则民族强。没有高度的文化自信，没有文化的繁荣兴盛，就没有中华民族伟大复兴。文化作为人类智慧的结晶，承载着历史的记忆，凝聚着民族的智慧，传承着世代的精神。文化是我们与过去连接的纽带，也是通向未来世界的钥匙。

2023年6月2日，文化传承发展座谈会在北京召开，习近平总书记出席会议并发表重要讲话。他强调，在新的起点上继续推动文化繁荣、建设文化强国、建设中华民族现代文明，是我们在新时代新的文化使命。要坚定文化自信、文化使命，奋发有为，共同努力缔造属于我们这个时代的新文化，建设中华民族现代文明。

以实践者所思所行、所感所悟，书写中华优秀传统文化在当下的保护传承尤其是创造性转化、创新性发展的"大格局"，当属新时代主流媒体的责任和义务。作为中共四川省委机关报，四川日报致力于做中华优秀传统文化的时代表达者和全媒传播者，从2023年9月起，四川日报全媒体策划推出了"文化传承发展百人谈"大型人文融媒报道。

文脉传承，弦歌不辍。记者奔赴全国各地，采访100位顶尖的专家学者、作家、艺术家和相关组织机构负责人，他们来自哲学、社会学、历史学、考古学、语言文学、艺术学等各个不同领域，拥有丰富的实践经验和深刻的思想洞见。以小见大，见微知著，他们的人生经历、从业实践和精神力量，是中华优秀传统文化传承发展的生动缩影。

观点鲜明，脑力激荡。每一次采访，每一篇文章，都是对一位大家思想精华的采撷和呈现，他们以自己的专业知识和独到见解，从不同侧面彰显中华优秀传统文化的丰富内涵，探讨文化保护传承，尤其是创造性转化、创新性发展的重要价值、面临的挑战和应对之策。这些思想的波涛澎湃奔涌，不仅展示"以文化人"的精神境界，更能奏响砥砺前行的铿锵足音。

该书的出版，是对诸位大家亲身参与、亲身见证文化传承发展的行动成果和思想结晶的一次集中展示。阅读这本书，可以感受到他们对文化传承发展的热情和责任感：他们不仅关注中华优秀传统文化的表象，更深入探讨其内涵和本质；他们的观点和建议，既有理论的高度，又具有实践的可操作性；他们的思想和实践，将激励更多人投身于文化传承发展事业中。

该书的出版，旨在以先行者、有为者的思想和实践作为参照，激发更多人对文化传承发展的责任感和使命感，唤起新时代文化工作者对文化传承发展的关注和重视。百位大家的深入探讨，可以振奋读者对文化传承发展的热爱和担当，从中汲取智慧和力量，致力于保护传承、发展创新、交流融合。

感谢在百忙之中接受采访并对稿件进行细致审校的大家们，感谢提供图片资料、给予意见建议以及参与讨论的朋友们，感谢同样对文化传承发展事业情之所钟并对该书予以精心编辑制作的出版社同仁们。

持炬火以汇聚万千气象，知来路以成就锦绣前程。传承不仅仅是对过去的守护，更是对未来的承诺。唯其如此，文化的血脉方能流淌不息，民族的精神方能永续长存。希望"文化传承发展百人谈"成为一扇窗口，让更多人了解和关注文化传承发展，以及这项事业的价值意义。让我们认真贯彻落实习近平文化思想，以传承为根基，以创新为动力，共同开启"古今以智相积"的中华优秀传统文化的新时代新篇章，为建设中华民族现代文明贡献绵薄之力。

《文化传承发展百人谈》编委会

2024年4月8日

目录 CONTENTS

文化传承发展百人谈 01——王　巍 ·················· 1

文化传承发展百人谈 02——莫砺锋 ·················· 17

文化传承发展百人谈 03——邢广程 ·················· 33

文化传承发展百人谈 04——宫长为 ·················· 47

文化传承发展百人谈 05——唐际根 ·················· 59

文化传承发展百人谈 06——杨朝明 ·················· 73

文化传承发展百人谈 07——孙　华 ·················· 85

文化传承发展百人谈 08——韩子勇 ·················· 99

文化传承发展百人谈 09——王仁湘 ·················· 113

文化传承发展百人谈 10——李敬泽 ·················· 127

文化传承发展百人谈 11——高世名 ·················· 141

文化传承发展百人谈 12——杨　雨 ·················· 155

文化传承发展百人谈 13——刘　斌 ·················· 167

文化传承发展百人谈 14——巩　文 ·················· 181

文化传承发展百人谈 15——朝戈金 ·················· 195

文化传承发展百人谈 16——程郁缀 ·················· 209

文化传承发展百人谈 17——王时伟 ·················· 223

文化传承发展百人谈 18——吴为山 ·················· 237

文化传承发展百人谈 19——苏伯民 ·················· 251

文化传承发展百人谈 20——单霁翔 ·················· 267

01 文化传承发展百人谈

提 要

- 考古的意义，就是为中华文明续写"家谱"。通过考古研究，展开中华文明的历史真实和壮美画卷，以坚实的考古材料和综合研究成果，证明中华民族5000多年文明史是真实可信的历史

- 中华文明5000多年这一结论性认识，对于中华民族以及全世界的炎黄子孙了解中华文明的悠久历史，增强民族自信和文化自信，实现中华民族伟大复兴具有深远的意义

- 中华文明探源工程提出文明定义和认定进入文明社会的中国方案，不仅适用于中国，也适用于世界上其他很多不同的文明

- 正是因为具有了连续性、创新性、统一性、包容性、和平性的特质，才共同促成中华文明绵延不断、日益辉煌

王巍 | 著名考古学家 中国考古学会理事长

人物简介

王巍,吉林长春人,中国社会科学院学部委员、中国考古学会理事长。

曾先后担任中国社会科学院考古研究所夏商周考古研究室主任,中国社会科学院考古研究所副所长、所长等职。2011年当选中国社会科学院学部委员,其主要研究方向为夏商周考古、东亚地区古代文明起源研究等。2002年至2016年担任中华文明探源工程首席专家、执行专家组组长。

风雨40余年
用考古为中华文明续写"家谱"

王巍是考古界享有盛誉的专家、学者，在40多年的考古生涯中，参加发掘过4座都城遗址。尤其在21世纪初的中华文明探源工程中，长期担任首席专家和执行专家组组长。20多年来，中华文明探源工程不仅厘清了中华文明起源和形成的历史脉络，以一大批遗址实证了中华5000多年文明，更提出文明定义和认定进入文明社会的中国方案，为世界文明起源研究做出了原创性贡献。

王巍也是中国公众最熟悉的考古学家之一。多次登上央视直播节目，尤其在三星堆"再醒惊天下"系列直播中，他带领观众从专家视角欣赏6座新发现祭祀坑的出土文物，让观众直观了解三星堆文明的灿烂辉煌以及所折射的中华文明多元一体的格局。他在2023年7月底8月初不到10天时间内两次来到四川，为网友直播，导览新开放的三星堆博物馆新馆；参加座谈会，再论三星堆考古的重大贡献。此外，他还将推出新书《听首席专家讲述探源工程》，以图文并茂的方式向公众普及中华文明探源工程20多年来的成果，为推进考古成果数字化奔走……

2023年8月，王巍接受了四川日报全媒体"文化传承发展百人谈"大型人文融媒报道记者的专访。他表示，用考古为中华文明续写"家谱"，这个他40多年来一直追求的人生梦想从未停歇。

◆ 40多年考古生涯

参加发掘4座都城遗址，在祖国实现自己的人生价值

40多年前，王巍从未想过自己的人生会和考古捆绑在一起。

20世纪70年代，考古是绝对的冷门。初中只上了一年半的王巍在历经下乡插队、返城进工厂之后，遇上了恢复高考，喜欢理科的他发现自己数理化基础太差，不得不选择报考文科。

学什么？当时有人告诉王巍，"考古是文科中的理科"，有着学理梦想的王巍当即毫不犹豫报考了吉林大学历史系考古专业。而在此之前，他对考古的唯一了解来源于一部纪录片，那部片子介绍了兵马俑、满城汉墓、马王堆汉墓等出土文物。

那是一个考古人才极度匮乏的时代。王巍以优异的成绩大学毕业后，分配至中国社会科学院考古研究所夏商周考古研究室。他很快参与了北京郊区房山琉璃河西周燕国都城和贵族墓地的考古发掘。在前辈学者发现贵族墓地的基础上，他参加发掘出了夯土城墙等遗迹，为断定此处是西周时期燕国的都城和始封地提供了重要证据。初战告捷。王巍不久后被单位公派到日本留学研修，获得日本九州大学博士学位。1995年至1996年，他再次被公派至日本早稻田大学做访问学者，研究方向为东亚考古和东亚地区文化交流。

在拿到博士学位后，一所日本大学向王巍抛出橄榄枝，希望聘请他当副教授。"如果留在日本工作，当时工资收入大约是国内的100倍。"王巍却义无反顾选择了回国。"改革让我上了大学、开放让我走出了国门，出国留学也是因为单位派遣，我必须回国效力。作为一名考古工作者，考古的主源还是在中国。只有在自己的祖国，我才能实现人生价值。"王巍表示。回国后的王巍，被任命为中国社会科学院考古研究所夏商周考古研究室主任，他带队参加了3座都城遗址的发掘——河南偃师商代早期都城、陕西周原西周时期都城以及河南殷墟商代晚期都城。在河南偃师商城

宫城内发掘时，首次发现了商代前期的前后三进院落的宫殿建筑，为夏商周断代工程夏商文化分界提供了界标；在主持陕西周原西周宫殿基址发掘时，首次发现一组东西对称的西周大型建筑，这很可能是当时的宗庙，为研究西周时期的历史与文化提供了新资料；他在带队赴殷墟发掘时，发现了商代晚期的村落、大型铸铜作坊、家族墓地，出土了大批遗物，极大地丰富了对商代晚期社会和文化的认识。

在40多年的考古生涯中，王巍亲身经历的都城遗址发掘就多达4个。

◆ **20多年努力**
证明中华民族5000多年文明史真实可信

21世纪初开始的中华文明探源工程，让王巍迎来了自己考古生涯的重要时期。

从20世纪80年代起，王巍就开始关注中华文明的起源。彼时，新中国考古学泰斗夏鼐的《中国文明的起源》一书出版。他认为，中华文明的形成以夏王朝的建立为肇始。而就在20世纪80年代初，辽宁牛河梁遗址、浙江余杭良渚遗址、山西襄汾陶寺遗址等都有大量考古新发现。牛河梁遗址发现了圆形祭坛、女神庙、大型积石冢以及玉雕龙等遗迹遗物；良渚遗址发现了反山王陵，出土了国宝重器玉琮王等；陶寺遗址也发现了一大片王族墓地，出土了龙盘、陶鼓等象征社会等级分化的文物。中国考古学的另一位泰斗苏秉琦，根据这些新的考古发现，提出了中华文明起源"满天星斗说"。

在日本留学期间，王巍发现我们引以为傲的中华文明上下5000年的说法，并不被海外学术界认可。当时，日本出版的有关中国历史的著作，几乎都以出土了甲骨文和青铜器的殷墟作为中华文明的开端，认为中华5000多年文明只是传说。"按照这种算法，中华文明的历史只有3300年。这给我很强烈的刺激，作为中国考古学者，我们对自己祖先创造的文明究竟有多长的历史,竟然拿不出令人信服的证据,实在是汗颜。"

从日本回国后,王巍把主要精力放在了中国商周考古学上。恰巧从1996年开始,"夏商周断代工程"启动。作为中国社会科学院考古研究所夏商周考古研究室主任,王巍直接参加了断代工程。在中华文明探源工程启动后,又在中华文明探源工程的前4期中担任了首席专家。

在王巍看来,中华文明探源工程意义重大。"在探源工程以前,我们中华文明的'家谱',只有商代以后还记载得比较清楚,而商以前的夏以及更早的时间,此前一直存在争议,被认为是虚幻的。考古的意义,就是为中华文明续写'家谱'。通过考古研究,展开中华文明的历史真实和壮美画卷,以坚实的考古材料和综合研究成果,证明中华民族5000多年文明史是真实可信的历史。"

如今,通过20多年来的考古发掘和研究,中华文明探源工程对中华文明的起源、形成、发展的历史脉络,对中华文明多元一体格局的形成和发展过程,对中华文明的特点及其形成原因等,都有了较为清晰的认识,实证了中华5000多年文明史,明确了中华文明多元一体、兼容并蓄、绵延不断的总体特征。

"下一步,中华文明探源工程还将围绕中华文明起源、形成、发展的基本图景、内在机制以及各区域文明演进路径等重大问题,统筹规划和科学布局,组织多学科力量联合攻关,不断拓宽研究时空范围和覆盖领域,破解更多的历史之谜。"王巍表示。

良渚古城遗址

二里头遗址

中华文明探源工程 实证了5000多年中华文明史

> 中华文明探源工程自启动以来，至今仍在进行。为什么要启动这个工程？取得了哪些成果？如何理解中华文明的五个突出特性？怎么看待三星堆遗址的考古成果？著名考古学家、中国考古学会理事长王巍与记者进行了深入的对话。

为什么要做探源工程？
中华文明的形成，有3个问题待解

记 者 中华文明探源工程启动之初有何背景？期待解决什么学术问题？

王 巍 中华文明探源工程的准确名称叫"中华文明起源与早期发展综合研究"，是在1996年至2000年开展的国家"九五"重点科技攻关项目——"夏商周断代工程"的基础上，又一个由国家支持的大型多学科综合研究中国古代历史与文化的重大科研项目。它要解决的问题，用我的话来说就是三个关键词：何时、如何以及为何。

第一是中华文明何时形成。中国古代典籍认为中华文明上下5000年，但不仅国际学术界对此持怀疑或否定态度，哪怕在中国史学界，直到20世纪末，大都是以夏王朝的建立为中华文明的肇始，把距今5000多年到4000年期间的社会作为原始社会末期的部落联盟阶段。所以，中华文明是确有5000多年历史，还是从夏王朝建立开始？抑或是像国际学术界认为的从发

现文字的殷墟才开始？要搞清楚这个问题，非常重要的就是依靠考古发掘获得的新资料来研究和证实。因此，"夏商周断代工程"告一段落后，参加工程的学者们建议继续开展中华文明起源、形成、发展历史脉络的研究。

第二是中华文明如何形成，经历了怎样的过程。第三是为何会经历这样的过程，以及判断进入文明社会的标准，中华文明有哪些特性，等等。在此以前，我们对中华文明形成和发展的背景、机制、道路、模式和特点等深层次问题较少涉及，更缺乏对中华文明与世界其他古老文明的对比研究。这使得中国学者不仅在世界文明研究领域缺乏话语权，也缺乏对中华文明的权威阐释。

怎么来解决这些问题？那就是多学科、多角度、多层次、全方位地进行研究——

多学科。探源工程涉及的学科多达20多个，除了考古学与历史学、政治学、社会学等人文学科，还包括了几乎所有大的自然学科。

多角度。从环境、生产力发展状况（包括农业和手工业）、精神生活、社会结构等社会的方方面面来研究文明起源。

多层次。不仅要研究都邑遗址和贵族等金字塔尖的状况，还要研究位于都邑附近的中小型聚落和社会中下层人们的生活，研究区域性的中心以及基层社会之间的结构关系。

全方位。要研究当时的政治、经济、文化、社会等的发展变化及其相互之间的关系，甚至把中华文明放在更大的世界范围内来研究。

20多年来，中华文明探源工程有400余位学者直接参与，相关联的有上千人，其中一半是教授，还有多位中国工程院院士和中国社科院学部委员。

探源工程有哪些收获？

厘清中华文明起源、形成和发展的历史脉络

记　者　中华文明探源工程有哪些重要考古成果？

王　巍　20多年来，我们在全国20多个重要遗址以及周围同时期的遗址区域进行调查和多学科研究，把中华文明的起源、形成和发展的历史脉络梳理清楚了。总的来说得出了以下认识：

万年奠基。也就是在距今10000年前，在我国北方地区已经开始栽培粟与黍，长江中下游地区已开始栽培水稻。农业的起源，为各地进入新石器时代的定居状态奠定了基础。

8000年起步。在距今8000到6000年期间，地球气候整体上温暖湿润，为世界各地农业的发展提供了基础，为文明的形成提供了重要条件。比如河南贾湖就发现了距今8000年的村落，出现了社会分工和分化的端倪。

6000年加速。距今约6000年的这一时期，农业的发展、人口的增加，在黄河、长江流域比如安徽含山凌家滩、湖南澧县城头山等出现了上百万平方米的大型遗址，社会内部分化日益明显。

5000多年进入。距今5500—5000年是中华文明史上非常重要的时期，社会发展比较快的区域，比如长江中下游、黄河中下游、辽河流域等地陆续进入了文明阶段。比如良渚古城不仅都城规模宏大，还修建了十几公里长的多段水坝用于灌溉。

4300年中原崛起。良渚、红山和石家河这些文明化的先行者在距今约4300年左右先后衰落，相反中原崛起，提高了文明化的速度，川西成都平原也初现文明曙光。其中，尤以山西襄汾陶寺、陕北神木石峁、四川新津宝墩等几座规模巨大的古城令人瞩目。

4000年王朝建立。距今4000年前后，夏王朝建立。尤其是最早距今约3800年的河南偃师二里头遗址的考古成果，证明了中华文明进入新的阶段——王朝时代。

距今3000年王权巩固，距今2200年统一多民族国家形成。

在这些考古成果中，我们通过良渚等一大批遗址实证了中华5000多年文明，并且发现中华文明以中原为中心的历史格局并非一开始就形成，而是在中原汇聚了周围的一些先进因素，逐渐取得了优势后形成的。

中华文明5000多年这一结论性认识，对于中华民族以及全世界的炎黄子孙了解中华文明的悠久历史，增强民族自信和文化自信，实现中华民族伟大复兴具有深远的意义。

探源工程的贡献还有哪些？
为判断进入文明社会的标准提供了中国方案

记　者　总体而言，中华文明探源工程的最大贡献是什么？

王　巍　最大的成绩，当然是我刚才提到的以一系列重大考古发现厘清了中华文明起源、形成和发展的历史脉络，实证了5000多年中华文明。与此同时，中华文明探源工程也为判断进入文明社会的标准提供了中国方案。

长期以来，西方认为，只有冶金术、文字和城市才是判断文明的三要素。如果按照这个标准，中华文明只能从发现甲骨文的商代晚期开始，也就是只有3300年的历史。但是中华文明探源工程从中国的考古实料出发，主要是基于良渚、陶寺、石峁、石家河、二里头等都邑性遗址的考古发现，再结合世界几大原生文明，概括出判断进入文明社会的新的标准，那就是生产发展、人口增加出现城市；社会分工、社会分化出现阶级；权力不断强化，出现王权和国家。

比如在良渚、陶寺等遗址，农业的发展促使人口繁衍。聚落面积达数十万乃至百万平方米，形成了早期的城市；然后社会分化日益严重，形成了贵族阶层。比如良渚文明中，贵族墓葬中的随葬品，可能有祭祀功能和掌握军事权力象征的玉器。在陶寺遗址的大墓中，则随葬有陶鼓、龙盘等彰显墓主人尊贵身份的礼器。此时还出现了集军事指挥权、社会管理权和宗教祭祀权于一身的王以及巨型都邑性遗址、大型高等级建筑（宫殿），暴力与战争也成为常见的社会现象等等。其实我们追溯西方文明三要素的由来，主要是从两河流域文明和古埃及文明的特征中概括出来的，并不是"放之四海而皆准"的标准。比如中美洲的玛雅文明就无冶金术，南美洲的印加文明也并未使用文字。

中华文明探源工程提出文明定义和认定进入文明社会的中国方案，不仅适用于中国，也适用于世界上其他很多不同的文明。因为很多文明的诞生有一个共同的特征，那就是国家的出现。虽然具体表现形式各有不同，但王权国家这个要素万变不离其宗。我们的中国方案，抓住了文明的核心特征，为世界文明起源研究做出了原创性贡献。

中华文明五个突出特性如何理解？
是对5000多年中华文明全面精辟的概括

记　者　中华优秀传统文化有很多重要元素，共同塑造出中华文明的突出特性，也就是突出的连续性、创新性、统一性、包容性、和平性。您如何理解这五个特性？

王　巍　这五个特性是在系统回顾中华文明5000多年历程的基础上作出的全面而精辟的概括。事实上，在中华文明探源过程中，学术界对中华文明特质也试图做了一些归纳，我们总结出来的中华文明的特质是绵延不断、多元一体和兼收并蓄。

中华文明的连续性，是中华文明有别于世界其他古老文明最突出的特点。虽然埃及文明、两河流域文明、印度河流域文明等都盛极一时，但这些古老文明最终都没能摆脱湮灭的命运。唯有中华文明绵延不断，薪火相传，历久弥新。

创新性，始终是推动中华文明不断发展的重要动力。我们的祖先在距今一万五六千年以前，就发明了陶器；在贾湖遗址（距今8000多年），我们发现了家猪和酿酒的证据，以及世界上最早的可以演奏7声阶乐曲的骨笛，改写了世界音乐史；当然，丝绸也是中华文明创新性的代表成就之一。

统一性，从早期中华文明就体现出"多元一体"的特征，纵观5000多年中华文明，统一性始终是主旋律，具有久远的历史渊源。

包容性，体现在中华文明起源、形成、发展过程中，始终秉持兼收并蓄、开放包容，在交流互鉴中发展。

和平性，体现在中华民族始终是一个爱好和平的民族，从未倚仗强大的武力大肆进行领土扩张。"以和为贵"的理念始终渗透在中华民族的文化基因之中。

正是因为具有了连续性、创新性、统一性、包容性、和平性的特质，才共同促成中华文明绵延不断、日益辉煌。

以什么方式让三星堆"活"起来？
不妨建一个沉浸式体验主题乐园

记　者　三星堆遗址考古成果在世界上是叫得响的，展现了4000多年前的文明成果，为中华文明多元一体、古蜀文明与中原文明相互影响等提供了更为有力的考古实证。您怎么看待三星堆遗址的考古成果？

王　巍　三星堆考古是中国现代百年考古史上最重大的发现之一。这一两年我很荣幸参加了三星堆考古发掘的一些工作，这是我考古生涯中印象最深刻的经历之一。在我看来，三星堆的重要价值，第一是通过丰富的考古实物，展示了古蜀文明丰富的内涵和未见于史料的灿烂辉煌。第二则是让我们看到了古蜀文明和夏商王朝密切的联系。自1986年三星堆一、二号祭祀坑发现以来，这一点其实一直被忽略。以我长期做夏商考古的经验，三星堆文明的确有很多明显的中原王朝的因素，包括青铜冶铸技术、青铜器的器形等等，比如中原的尊被三星堆人顶在头上顶礼膜拜。但同时，三星堆的文明又有非常多的创新，包括青铜神树所体现的青铜器的分铸技术等，三星堆先民的思想信仰的体系也独具特色，这也是中华文明包容性和统一性的体现。当然，三星堆还是中华文明多元一体的重要见证。

考古工作是展示和构建中华民族历史、中华文明瑰宝的重要工作。广大考古工作者应该为努力建设中国特色、中国风格、中国气派的考古学，更好展示中华文明风采，弘扬中华优秀传统文化，为实现中华民族伟大复兴的中国梦做出新的更大贡献。

三星堆未来的工作应该从三方面着力。一是考古工作本身要继续进行和细化，二是要继续加强研究阐释，三是要扩大宣传、加快申遗步伐。

最近我一直在推进考古成果数字化工作。我有一个梦想，推动建立一个沉浸式体验中华文明辉煌的大型主题乐园，让孩子们直观感受中华文化的魅力。三星堆其实就是很好的题材，因为它的文物和文化都很神秘，令人遐想。观众只在博物馆看青铜神像其实意犹未尽，如果能把当时神像所在的世界展现出来，那应该同样吸引关注。比如在数字化再现方面，是否可以继续深入？当然我觉得也可以有一台歌剧或者舞剧进行配套，以各种方式让三星堆"活"起来。

三星堆大立人像

三星堆博物馆的镇馆之宝——铜纵目面具

(吴晓铃)

02 文化传承发展百人谈

提 要

- 古代的经典作品流传至今的意义并不是专供学者研究，它更应该是供大众阅读欣赏，从而获得精神滋养

- 如果说唐诗宋词是一座气象万千的名山，我愿意当一位站在山口的导游，来为游客们指点进山路径与景点分布

- 我们肩负着重大的社会责任，我们的任务是为弘扬优秀的传统文化进行学理探讨和代际传承

- 向全社会普及古典名著是传承中华优秀传统文化最有效的手段

- 让古典名著脱离学术"象牙塔"的束缚而走进千家万户

莫砺锋　南京大学人文社会科学资深教授

人物简介

莫砺锋，新中国第一位文学博士。南京大学文学院教授、博士生导师、南京大学中国诗学研究中心主任，梅庵书院首任院长，是南京大学"两古学科"的学术带头人。2014年被评为南京大学人文社会科学资深教授，央视《百家讲坛》主讲人。

引领更多人走近唐诗宋词
领略传统文化之美

    2023年5月23日上午，南京大学文学院教授莫砺锋，如往常一样，着一件整洁的长袖衬衫，袖口处的纽扣全部扣上，带着儒雅的笑容，走进了教室。这一课，他感谢学生，感慨人生，他说："感谢南大的同学至今没有把我轰下讲坛，让我完整地走完了教书生涯。"这是莫砺锋38年教学生涯的最后一课，这一天，他正式宣布告别学校的讲台。

    这一幕，看似结束，却是另外一种开始。

    作为新中国成立后的首位文学博士，莫砺锋近年来一直通过讲座、出书，普及古典文学，传播中华优秀传统文化。他讲唐诗宋词，讲李白、杜甫、苏东坡……他的足迹遍布大江南北，曾三次登上央视《百家讲坛》，并多次入川，在杜甫草堂、三苏祠、天府官塘开坛设讲。

    "告别了教室里的小讲台，从此走向社会的大讲坛。"74岁的莫砺锋继续用另一种方式不断走上讲台。5月23日退休，5月26日，莫砺锋就重返南京大学文学院，在"程千帆先生诞辰110周年纪念系列讲座"开讲，深情回忆恩师程千帆，寄语"程门弟子"和传统文化研究者，薪火相继，传承好文化基因；6月20日，他应邀回到本科母校——安徽大学，以"我与古典诗词"为题开讲，传授中国古典诗词研究、欣赏的方法；7月1日，莫砺锋携新作《漫话东坡（修订版）》亮相第十三届江苏书展，他希望读者们都能拥有"风雨人生中从容前行的足迹"；7月11日，南京

"文艺大讲堂"揭牌，莫砺锋作了题为"千古东坡面面观"的首场讲座，深入诠释完整、立体、丰富的苏东坡……

梳理莫砺锋退休后的行迹，不难发现，在引领更多人走进唐诗宋词，领略传统文化之美的道路上，他的步履依旧铿锵。

2023年7月18日，莫砺锋于百忙之中，接受了四川日报全媒体"文化传承发展百人谈"大型人文融媒报道记者的专访。

◆ 坐冷板凳钻故纸堆
让古典名著走进千家万户

在文化传承发展座谈会上，莫砺锋从普及古典名著的角度，谈了三点想法。他说，实现中华民族伟大复兴是全民族所有成员的神圣职责，阅读古典名著从而汲取其中蕴含的文化精神，也是全社会所有成员的权利和义务。向全社会普及古典名著是传承优秀中华传统文化最有效的手段。"我们既要精选某些价值高的经典介绍给社会大众，又要对它们进行准确可靠的注释及生动灵活的解说，从而让古典名著脱离学术'象牙塔'的束缚而走进千家万户。"

虽然仅仅谈了三点想法，但足以让人窥见莫砺锋几十年如一日在古典文学研究上所下的功夫。正如他自己所言："我平时的工作是坐冷板凳和钻故纸堆。"就是在一张"冷板凳"上，莫砺锋承程千帆先生衣钵，秉烛探幽，为学术界贡献了大量宝贵的财富。

若要明白莫砺锋这一生在古典文学中金针度人的执着，就得先了解他不平凡的来路。他曾说，自己人生中每一次重要转折，都有些身不由己。时代的裹挟，造就了莫砺锋。

1977年恢复高考，虚岁29岁的莫砺锋考入安徽大学。鲜为人知的是，他当时的专业是学英文。读了一年，有同学鼓励他提前考研，莫砺锋就去省教育厅查相关资料，重点查了南京大学的英国语言文学专业，发现考南京大学，需要考第二外语，但安徽大学外语系的第二外语要到二年级下学期才开。没法报考的莫砺锋，随手翻了一下南京大学其他专业，看到了南京大学中文系的古代文学，招生方向是唐宋诗歌研究。莫砺锋心想，唐宋诗歌他在农村差不多背了几千首，这个或许可以考一下，当场就报名了。不久后就拿到了南京大学的录取通知书，莫砺锋成了程千帆先生"唐宋诗歌"专业硕士研究生。

1984年10月，莫砺锋在南京大学取得文学博士学位。在他的博士学位论文答辩会上，坐的是钱仲联、程千帆、唐圭璋等古代文学大师级学者。他成为"新中国第一位文学博士"的消息，还登上了《新闻联播》。

在南京大学从事教学与研究的日子里，莫砺锋心无旁骛，殚精竭虑。他成为南京大学"两古学科"的学术带头人；同时，他与央视《百家讲坛》结缘，之后以"杜甫的文化意义"为题录制讲座，获得了很好的反响。2006年，《百家讲坛》再次邀请他去讲唐诗，以"诗歌唐朝"为题一连讲了14讲，节目播出后，莫砺锋将讲座的内容编成了《莫砺锋说唐诗》；后来再上《百家讲坛》，莫砺锋讲白居易，根据记录稿，他又整理出版了《莫砺锋评说白居易》。两本书，都在当时一路热销。2019年，他编写的《莫砺锋讲唐诗课》，更是入选2019年度"中国好书"；2023年4月，莫砺锋推出《小学生必读诗词112首》《中学生必读诗词125首》，当代大师为孩子们开设小课，重梳诗词历史脉络，由浅入深启发心智……

莫砺锋直言，通过一次又一次不同的尝试，他对古典诗词的普及工作有了更深刻的认识，更坚定了他的决心。"从根本的意义上说，古代的经典作品流传至今的意义并不是专供学者研究，它更应该是供大众阅读欣赏，从而获得精神滋养。"

◆ 当"导游"指点前路
当"粉丝"入川开讲

"如果说唐诗宋词是一座气象万千的名山,我愿意当一位站在山口的导游,来为游客们指点进山路径与景点分布。"莫砺锋说到做到。一个之前从不用手机,留联系方式永远只有座机号码的学者,频频亮相于各种文学讲座、新书分享的现场。而他几次入川,更是留下佳话。

2023年5月19日,莫砺锋告别南京大学讲台前夕,他走进了眉山三苏祠博物馆,以"风雨人生中的人格典范"为题,分享自己多年来对苏轼其人其文的深刻体悟。莫砺锋坦言,此前他曾多次参观三苏祠,但在三苏祠讲东坡还是头一次。"能有机会在东坡老家讲东坡,是我这个在大学讲了几十年东坡的老师的最高荣誉。"

第二天,莫砺锋又现身杜甫草堂,开讲"杜甫与传统文化";5月22日,莫砺锋又走进"天府·互鉴讲堂",讲述了"陆游与巴蜀"的故事、"巴蜀是陆游诗风的一个转折点"。

时间往前推。2023年2月25日,莫砺锋在阿来书房开讲"苏东坡的现代意义"。莫砺锋用他的学识和才情,震撼全场。

谈及在四川所作的演讲,莫砺锋坦言:"我学术研究的主攻方向是唐宋诗歌,我最热爱的古代诗人是杜少陵与苏东坡。"而在这两人中,莫砺锋更偏爱苏东坡,"我是东坡的异代粉丝,我觉得在中国古代圣哲中间,东坡是最可敬佩、最可亲近的千古一人。"

为了致敬偶像,2023年7月,莫砺锋推出新作《漫话东坡(修订版)》。该书是2008年《漫话东坡》的修订版,在书中,莫砺锋别开生面地带领读者考察苏东坡的政治功绩、文学业绩、对文房四宝的爱好等人生中的方方面面,还原了苏东坡朝中大臣、文人学士、深情绵邈的丈夫、慈祥可爱的父亲、诚恳坦率的朋友、见到好纸好墨就手痒的书家等生动的形象。莫砺锋表示:"我是用写学术论文一样严谨的态度来写这本书的,希望有更多的人了解他、学习他，真正地接近他，让苏东坡走进千家万户。"

◆ **七十老翁何所求？**

南山桂花袭人裾

"寂寂寥寥扬子居，年年岁岁一床书。独有南山桂花发，飞来飞去袭人裾。"这是"初唐四杰"之一卢照邻《长安古意》中的诗句，亦是莫砺锋认可的生活态度。他说："我们肩负着重大的社会责任，我们的任务是为弘扬优秀的传统文化进行学理探讨和代际传承。"在莫砺锋看来，语言文字是人类文化最重要的载体，也是人类文化最重要的组成部分。对于中华民族而言，汉语汉字就是中华文化的精神血脉，是中华民族实现身份认同的文化基因。"对于现代人来说，中国文学尤其具有独特的意义。中国文学不但以生动具象的方式体现了中华文化的基本精神和心理特征，而且广泛、深刻地影响着中华文化的其他组成部分。中国文学的审美价值和认识功能历久弥新，它是沟通现代人与传统文化的最便捷的桥梁，也是其他文化背景的人们了解中华文化的最佳窗口。"

那么，在当代中国，要想更好地继承传统文化的精神，应该怎么做呢？

回首自己的来时路，莫砺锋感触颇深。他将自己与古典诗词的联系分为三个阶段：早年插队农村时是"读者"，主要是阅读、欣赏古典诗词；到南京大学跟随程千帆先生读研究生开始是"学者"，重点是研究唐宋诗词；应邀给央视主讲《百家讲坛》以来是"说者"，在研究之余，致力于古典诗词的普及传播。莫砺锋打过这样一个比方：富翁捐款资助别人，多捐出一元自己就少一元；但作为学者则不然，学者向别人传播人生观，分享幸福感，只会在讲解、切磋的过程中增进自己的理解，从而实现双赢。

所以，莫砺锋认为，古典文学博大精深，但如果仅仅是学者封闭在

"象牙塔"里自行研究,那么,传统优秀文化的作用和意义就会被大大削减。"让古籍走出学术'象牙塔',走入千家万户,在大众间进行广泛传播,让不同人群都能够从中汲取营养、获得力量,才能真正发挥传统文化的作用。"

莫砺锋在眉山三苏祠作"风雨人生中的人格典范"讲座

穿透学术"象牙塔"的壁垒
将经典名著引入现代社会的千家万户

记　者　在2023年6月2日的文化传承发展座谈会上，习近平总书记强调了深刻把握中华文明的突出特性、深刻理解"两个结合"的重大意义。对此，您有什么样的认识和理解？

莫砺锋　我认为中华文明的这五大突出特性之间具有共时性，它们贯穿中华传统文化的整个发展过程。但是从逻辑脉络来看，五大突出特性之间其实存在着层层递进的内在联系。它们环环相扣，层层递进，由低及高、由内及外，既构成一个完整的理论体系，又显示出清晰的思维层次。我认为在具体论述五大突出特性时，最重要的着眼点是如何在丰厚历史积淀的基础上实现创造性转化与创新性发展。

习近平总书记强调指出："在五千多年中华文明深厚基础上开辟和发展中国特色社会主义，把马克思主义基本原理同中国具体实际、同中华优秀传统文化相结合是必由之路。"我认为"第二个结合"不仅是党史上的理论创新，也是中国近代史上前所未有的理论创新。首先，既然"第二个结合"的一方是以思想形态呈现的马克思主义基本原理，那么作为另一方的中华优秀传统文化的宝贵资源应该不是指物质文化，而是观念文化。其次，"第一个结合"之所以取得辉煌成功，根本原因在于它团结了千百万中国人民共同参加一项伟大的事业，万众一心所爆发出来的精神力量当然是战无不胜的。这就启示我们，"第二个结合"也应该是中国人民共同参加的伟大事业。这不仅为建设中华民族现代文明指明了方向，也是对我们从事古代文史研究的学者的极大鼓励。

记　者　能否请您结合当下社会时代发展现实，谈谈古典名著的当代价值和意义？

莫砺锋　中华文化的古典名著记录了中华先民们精神生活的所有内容，他们的感受，他们的思考，都在汉字文本中得到高保真的记载。所以汗牛充栋的典籍便是中华传统文化的重要载体，是中华民族的精神血脉。中华典籍的思想价值和认识功能历久弥新，它是沟通现代人与传统文化的最便捷的桥梁，也是其他文化背景的人们了解中华文化的最佳窗口。

　　整理典籍，领会、阐释典籍记载的文化精神，是我们继承传统文化的最有效的手段。从根本的意义上说，古代典籍流传至今的价值并不是专供学者研究，它更应该是供大众阅读、学习，从而获得文化启迪和精神滋养。实现中华民族伟大复兴，是全社会所有成员义不容辞的神圣职责。阅读中华经典著作，从中汲取精神力量，是全社会所有成员的权利和义务。

　　精深的纯学术研究固然是我们的使命，认真负责的普及工作也是我们应尽的社会责任。两者不可偏废，因为前者是后者的必要学术基础，后者是前者发挥社会效益的必要传播载体。我们当然要努力获得严肃深奥的典籍整理与研究成果，但是它们的终极价值仍在更好地阐释蕴藏在典籍中的传统文化精神。学者当然应该坚持"板凳要坐十年冷"的精神，但与此同时，我们的目光必须穿透学术"象牙塔"的壁垒而进入现代社会，必须关注社会大众的阅读需求。我们应该分出部分时间与精力从事普及工作，为社会大众编写有关传统文化的普及读物，从而将经典名著引入现代社会的千家万户。让社会大众认识到传统文化的光辉灿烂，产生对古代典籍的阅读兴趣，这是我们应尽的社会责任。

记　者　很多人是通过《百家讲坛》和全国各地的以唐宋文学为主题的讲座认识您的。从什么时候开始，您觉得您的讲台不只是南京大学的三尺讲台？课堂内外的讲台，您觉得有什么不同吗？

莫砺锋　是从2001年开始的，起因是一件偶然发生的事情。2001年，南大庆祝百年校庆，校方与央视联系，由《百家讲坛》栏目组到南大录制几个老师的讲座。中文系有3个老师入选，我也在其中。我在南大的逸夫馆以"杜甫的文化意义"为题作了一场讲座，听众基本上是中文系的研究生；讲完以后还有现场问答环节。央视的编导来录了像，后来分成两期在《百家讲坛》播出，这是我与《百家讲坛》结缘的开始。到了2006年，《百家讲坛》的两位编导专程到南大请我讲唐诗，还答应以我认可的方式去讲，不一定太顾及收视率。于是我冒冒失失地走上了《百家讲坛》，可算是人生的一种特殊经历。

　　在大学里讲课与上电视作讲座，最大的不同就是听众的身份不一样。我在南大讲课，讲课的对象都是明确的，课程都有明确的大纲，我走上讲台时心里总是很踏实的。但是《百家讲坛》就不同了，它的听众身份各异，众口难调。我尽可能讲得浅显易懂，尽量远离"论文腔"。当然我基本上做到了言必有据，绝无一度风行的"戏说"陋习。我一共讲了14讲，后来以"诗歌唐朝"的总标题在中央电视台先后播出。节目播出以后，许多听众朋友来信建议我把讲座的内容编书出版，好让他们更从容、更仔细地理解、体会。我很赞同这个建议，就根据记录稿编了一本《莫砺锋说唐诗》，印数多达10万册，远远超过我以往所写的任何学术著作。更令我高兴的是，本书受到读者朋友的热烈欢迎。我收到的读者来信装满了一个柜子，他们对本书的高度肯定使我深受鼓舞。

记　者　您推出过《莫砺锋讲唐诗课》《中学生必读诗词125首》《小学生必读诗词112首》等涵盖各个年龄层的古典文学读物。您此举的初衷和愿景是什么？对于中小学生学好古诗词和成年人提升诗词欣赏水平，您有什么好的建议？

莫砺锋 唐宋诗词对于现代人的最大意义是什么？我认为是在于其中的典范作品可以提升我们的思想境界，提升我们的人格，对我们有巨大的教育作用。中国古人坚定地认为，只有人品一流的人，才可能成为一流的作家。的确，凡是历代公认的大诗人、大词人，他们一定是一流人物。唐代的李白、杜甫，宋代的苏东坡、辛弃疾，就是这样的人。他们不但作品写得好，他们的人格境界也是一流的。他们的人格会通过阅读行为而感动我们，熏陶我们，从而让我们获得人生境界的提升。所以我认为，读诗最后也是读人。读古代诗词的最高境界，就是最后透过文字来读人。所以唐宋诗词中境界最高的名家名作，对现代人具有人格熏陶和境界提升的作用。就这重意义来说，我这个所谓的"资深教授"与普通的读者是完全一样的，我们都是古典诗词的读者，我们都希望进入诗歌阅读的最高境界，就是越过字句的层面进而与诗人直面相对，从而倾听他们的心声。我之所以要写这些普及读物，深层的意愿就是与读者交流读诗心得，从而取长补短、共同前进。年龄或资历，都不是我们之间的障碍。

记　者 学术界不乏传统文化研究学者，但于大众的阅读和理解而言，他们有些学术成果艰深，您认为应该如何打破这样的局限？

莫砺锋 学术研究的终极意义在于更好地阐释传统文化的精神，实现这个目标的具体手段则是对重要的中华典籍进行完整细密的文本整理，以及准确可靠的注释和生动灵活的解说，从而将经典名著引入千家万户。

　　有些学者的研究成果有着巨大的学术意义和文化意义，但它们基本上只是学术界的研读对象，很少进入普通读者的阅读视野。换句话说，这些成果的意义基本上局限于学术"象牙塔"内，并未普及到整个社会。我认为在当前的大形势下，要想实现普及古典名著的目标，专业工作者当务之急要做好两方面的工作：第一是把古代典籍中最有思想价值的代表著作介绍给广大读者；第二是为广大读者提供准确可靠的注释与解说。具体的方式可以多种多样，编写相关书目，撰写普及读物，在图书馆或电视媒体上举办公众讲座，在中小学校里引导学生课外阅读，等等。我所在的南京大学"两古"学科以及我本人近年来在这些方面做了一些工作，前者如2018年出版的《国学文选》，它是由南大"两古"学科的20多位同仁参加撰写的一部古代文选，全书从历代有关传统观念文化的原典中精选192篇古文，每篇文章都有注释与评析，以供中学生与一般国学爱好者阅读，出版后反响热烈。后者如我独撰的《莫砺锋讲唐诗课》，本书于2019年出版，受到读者的热烈欢迎，并于次年荣获2019年度"中国好书"。南大"两古"学科的教师们近年来多次参加面向社会大众的公益讲座，反响良好。我本人2023年5月在眉山三苏祠所作的"风雨人生中的人格典范"以及在成都杜甫草堂所作的"杜甫与传统文化"两场讲座，线下线上的听众人数多达200万。我们决心为普及古典名著、弘扬传统文化作出力所能及的一份贡献。

记　者　您曾经说，阅读屈原、陶渊明、李白、杜甫、苏东坡、辛弃疾的作品，一定会使我们从紫陌红尘的庸俗环境中猛然挣脱，从而朝着诗意生存的方向大步迈进。请问诗意生存是一种什么样的境界？通过传承发展中华优秀传统文化，我们是否能够抵达？

莫砺锋　在我看来，诗意生存就是一种超越的人生态度，也就是摆脱名利等比较庸俗的实际考虑，从而追求人生意义的真谛。中华先民在实现诗意生存方面具有独特的优越性，因为他们掌握了更好的思维方式和表达方式，那便是诗歌。因为诗歌的思维方式是直觉的而非分析的，诗歌的意义是意在言外而非意随言尽的，所以它更能担当起思考并理解人生真谛的重任。比如陶渊明，他是真正懂得生活的人，是真正理解人生价值的人。在陶渊明看来，风调雨顺的时令，欣欣向荣的草木，树上的鸟鸣，园中的菜蔬，杯中的薄酒，案头的闲书，无不使他感到由衷的愉悦。诗人在美好的自然环境中自由自在地生存，他平和安详，心满意足。简陋的穷巷隔绝了尘世的喧嚣，悠闲的心境摆脱了名利的纠缠，生活恢复了朴素纯洁的本来面目，从而充满着美感和诗意。

记　者　您今年已经74岁，我看很多采访都用了孔子的"七十而从心所欲"来形容您。我想到的是"莫道桑榆晚，为霞尚满天"。不知莫教授是否还愿意做文化传承发展征程上那一道绮丽漫天的霞光？如果力所能及，从心所欲，您还会为传承发展中华优秀传统文化做一些什么呢？

莫砺锋　我认同南朝思想家范缜的观点，一个人的命运就像树上随风飘落的花瓣，落到何处纯属偶然。我在读中学时是个彻头彻尾的理科生，后因下乡务农十年，渐渐地弃理从文。我在江南农村的茅檐底下"结识"了李白、杜甫、苏东坡、辛弃疾等杰出人物，他们在我最困难的时候与我朝夕相伴，他们在冥冥之中引导我成为专攻古典文学的中文系教师。我年过七十，决心把余生精力贡献给古典文学的研究与普及。身为大学中文系的老师，又在古典文学专业，我觉得自己有责任在普及方面做一点工作。出于这样的考虑，我近年来从事普及工作的积极性大有提高。已经出版的成果有《我见青山多妩媚——人与自然主题历代诗词选》《漫话东坡》《诗意人生》《唐诗与宋词》《莫砺锋讲唐诗课》《莫砺锋讲宋诗课》《杜诗选注》等。这些书虽然是普及性读物，但我投入的时间与精力并不亚于撰写学术著作。近年来我还常到各地图书馆做有关唐诗宋词的公益讲座，也受到听众朋友的热烈欢迎。我已经告别学校里的小讲台，以后要更多地走进社会的大讲台。七十老翁何所求？我能做的就是这些事情。

莫砺锋出版著作

（肖姗姗）

03 文化传承发展百人谈

提 要

● 爱国主义是促进各民族交往交流交融的核心价值

● 民族团结是中华民族共同体得以巩固和壮大的基石

● 文化认同是中华民族大团结的根与魂

● 从5000多年中国历史的纵向来观察,中国各民族交往交流交融是中华文明融为一体的基本样式,是中华文明包容性的鲜活案例

● 我们要构建中国边疆学学科体系、学术体系、话语体系,为新时代提升边疆治理能力、增强中华文化认同等,提供可靠的学术支撑

邢广程

中国社会科学院
中国边疆研究所所长

人物简介

　　邢广程，黑龙江省绥棱县泥尔河乡人，法学博士，中国社会科学院学部委员、中国边疆研究所所长。曾任中国社会科学院苏联东欧研究所理论研究室副主任、所长助理，中国社会科学院东欧中亚研究所副所长、党委副书记，中国社会科学院俄罗斯东欧中亚研究所党委书记、所长，中国社会科学院中国边疆史地研究中心党委书记、副主任、主任。

为深入研究中华文明 "突出的统一性"贡献边疆学力量

"习近平总书记用五个突出特性为中华文明'精准画像',同时也给我们研究中国边疆问题的工作者提出了命题。"中国社会科学院学部委员、中国边疆研究所所长邢广程在接受四川日报全媒体记者采访时说,"我们要在中国边疆学领域形成自己的学科体系、学术体系、话语体系,为新时代中国提升边疆治理能力、增强中华文化认同等,提供可靠的学术支撑。"

2023年6月2日,文化传承发展座谈会在中国历史研究院举行。会上,邢广程作了题为"推动文化传承发展,促进各民族交往交流交融"的发言。他说:"爱国主义是促进各民族交往交流交融的核心价值。""民族团结是中华民族共同体得以巩固和壮大的基石。""文化认同是中华民族大团结的根与魂。"

2023年7月17日,邢广程接受了四川日报全媒体"文化传承发展百人谈"大型人文融媒报道记者的专访。经过精心选择,采访地点确定为中国历史研究院图书档案馆的四库全书阅览室,这里存放着《四库全书》《续修四库全书》等相关典籍的影印本。

"图书、档案,是历史文化传承、发展的重要载体,记录了中华文明演进的历程。"邢广程说,"正如总书记所说,只有全面深入了解中华文明的历史,才能更有效地推动中华优秀传统文化创造性转化、创新性发展，更有力地推进中国特色社会主义文化建设，建设中华民族现代文明。"

◆ **使命担当**

"中国边疆学要和国家的发展合拍"

采访时，正值中国边疆研究所在筹备成立40周年所史展（1983—2023）。展厅入口处，是两排金色大字——"学术戍边""使命担当"。

"这两句话，是我们几代边疆学学者的目标和初心。"邢广程说，"中国边疆学要和国家的发展合拍，要为国家的发展服务。"

邢广程的老家，在东北的边疆省份黑龙江，这是他与边疆学最初的交集。

身材高大，走起路来虎虎生风，是邢广程给人的第一印象。从他身上既可以看到那种属于东北人的直爽、干练，也能感受到儒雅和谦逊。

采访时，邢广程很少说到自己的经历。他说，这些成果是前辈学人的积累和如今同事们共同努力取得的。

大学时，邢广程就读于吉林大学历史系，后来又在中国社会科学院研究生院苏联东欧系获得硕

中国边疆研究所成立40周年所史展

士、博士学位。毕业后，他留在中国社会科学院苏联东欧研究所工作，研究方向是我国的周边国际环境问题。

1996年，邢广程出版著作《中国和新独立的中亚国家关系》。当时，中亚5国刚独立不久，如何准确地描述中国与新独立的中亚5国关系的现状、正确阐述中国对待中亚国家的政策，成为一项亟待解决的问题。因此，该书一经出版就被学界评价为"一部填补空白之作"。

2004年，邢广程担任中国社会科学院俄罗斯东欧中亚研究所所长。2009年，担任中国社会科学院中国边疆史地研究中心党委书记；2012年，成为该中心第五任主任。2014年底，中国边疆史地研究中心更名为中国边疆研究所，邢广程担任所长至今。对这次更名，邢广程说，主要原因是我国边疆问题的研究远远超越了中国边疆史地的研究范围，"我们单位的研究课题多数是关于边疆现实问题，这说明中国边疆史地研究中心更名为中国边疆研究所是大势所趋，是构建中国边疆学这个新学科的需要。"中国边疆学这个概念是我国研究中国边疆问题的老一辈学者最早提出来的。邢广程到中国边疆研究所（中国边疆史地研究中心）后，听取了老先生们和所内同仁的意见，形成了中国边疆研究所的发展战略。

"我们都说邢所长'高'，除了个子高，更多是因为邢所长站得高，问题看得长远。"中国边疆研究所一位工作人员说。

"中国边疆学，是运用多学科对中国边疆的历史和现实问题进行研究，是典型的新兴学科和交叉学科。"在邢广程看来，构建中国边疆学是繁荣和发展哲学社会科学的需要。

在邢广程的策划和推动下，《中国边疆学》集刊面世。"经过40年的积累，中国边疆研究所在我国边疆研究领域已具有重要影响力，初步形成特色学科中国边疆学。"邢广程说，中国历史研究院承担统筹指导全国历史研究工作的任务，中国边疆研究所也将整合资源和力量，制定新时代中国边疆学的研究规划。

中国边疆研究所的任务是，研究中国古代疆域演化规律和中国历代王朝治理边疆的得失，研究中国边疆安全、稳定和发展等重大理论和实践问题。

"我们要构建中国边疆学学科体系、学术体系、话语体系，为新时代提升边疆治理能力、增强中华文化认同等，提供可靠的学术支撑。"邢广程说。

◆ **最新成果**

从国家统一视角研究清代国家统一历史

北京中轴线，大气磅礴，古都文脉所在。建筑外形似鼎如尊的中国历史研究院，坐落在中轴线北延长线上。中国历史研究院以中国社会科学院所属相关研究所为基础组建，下设中国历史研究院院部和中国边疆研究所等6个研究机构，于2019年1月3日正式成立。

院内一楼正在举行学术成果精品展。在中国边疆研究所区域，摆放着一部《清代国家统一史》，十分显眼。该书由邢广程、国家与疆域理论研究室主任李大龙主编。该书上下两册，皇皇百万余言，拿在手里，分量十足：不仅是图书部头大，更在于它的出版意义重大。

"清代国家统一史研究，是中国历史研究院成立以后首批确定的6个项目之一，也是国家社科基金重大委托项目。"邢广程介绍说，该书集中了院内外10多位清史研究权威专家，历时4年，从立项到论证、写作、修改、定稿再到出版，引用的档案、正史、方志、奏牍、清人文集等各类史料和文献达300多种。

邢广程说，这本书最大的特点是，从国家统一视角研究清代国家统一历史：中国是由繁衍生息在中华大地上的众多民族共同缔造的，清代进一步巩固了多民族国家中国的大一统格局，是多民族国家中国疆域的定型时期。这本书诠释了清代统一多民族国家形成与发展的历史，着重研究清代开始如何实现国家统一，中间如何巩固国家统一，晚清在国家危急时刻又是怎么维护统一的。

这部书一经出版就引起学界众多关注。多位学者提到，从国家统一视角研究清代国家统一历史，《清代国家统一史》填补了学界空白，具有重要的学术价值和现实意义。"我国学界有关清代历史研究取得了丰硕的成果，但多数是从断代和通识的角度阐释，专题研究也大都采用边疆治理、边疆政策视角。从国家统一的高度，对清代多民族国家形成和发展的历史进行总结，是《清代国家统一史》的最大特色。"国家清史编纂委员会副主任、中国人民大学清史研究所教授成崇德高度评价该书。

国家清史编纂委员会副主任、中国社会科学院中国边疆研究所研究员马大正说，历史上国家统一的内涵包括地域统一、思想统一、制度统一、文化统一4个层面，每个层面都还有较为深入的研究空间。希望史学工作者继续致力于断代或专题性的国家统一史研究，推动国家统一史研究持续深化，使之成为中国历史研究新的增长点。"海外学者也对这部书表示了关注。"邢广程说，海外学者关注所在是中国学者、中国学术界怎么看待中国历史和中国历史的某个重大历史时期。

"希望通过该书的发布，能够为深刻理解中华文明的统一性、把中华文明历史研究引向深入贡献学术智慧，为创造属于我们这个时代的新文化、建设中华民族现代文明贡献新力量。"邢广程说，"我们要继续做好古代大一统思想的深度研究，推动其创造性转化、创新性发展，实现大一统传统与现代国家统一的有机衔接，不断筑牢中国人民国家认同的坚实文化基础。"

五个突出特性为中华文明"精准画像"

五个突出特性有着严密的内在逻辑

记　者　您是如何理解中华文明五个突出特性的？

邢广程　用五个突出特性为中华文明"精准画像"，这是对中国文化特性、中华文明精神的深刻总结，是站在推进中国式现代化建设的全新视角，对创造新文化的恢宏擘画，为建设中华民族现代文明提供了根本指针。

　　这五个特性不是相互割裂的，而是有着严密的内在逻辑。

　　首先，这是从马克思主义时空观的大视野来阐述中华文明的。从时间上看，中华文明5000多年的历史源远流长，中华文明是世界上唯一没有中断并保持连续性的文明。我们的任务就是将中华文明继续传承下去、延续下去。建设中华民族现代文明是我们的历史使命，具有十分重要的现实意义。我们需要从古代中国、现代中国和未来中国的时间维度的连续性，来深刻理解中华文明突出的连续性。

　　空间维度就是"突出的统一性"。这里有两层含义：一是统一的疆域，中华民族拥有共同的家园，这就是中华民族共同体；二是中华民族拥有共同的精神家园，这就是中华民族共同体意识。中华民族共同体是各民族世代生息的共同空间。我们的任务就是维护中华民族共同家园和统一空间。因此，中华文明"突出的连续性"和"突出的统一性"完整地构成了中华文明的时空观。

那么，中华文明保持"突出的连续性"和"突出的统一性"内在动力是什么呢？这就是中华文明具有的"突出的创新性"。这是中华文明源远流长的内在动力。中华文明勇于创新，勇于接受各种挑战，守正不守旧，尊古不复古。我们建设中华民族现代文明更需要将这种"突出的创新性"进行创造性转化、创新性发展。

中华文明具有"突出的包容性"，这包含内部和外部两个层面。从国内情况看，"突出的包容性"决定了中华民族交往交流交融的历史取向。从5000多年中国历史的纵向来观察，中国各民族交往交流交融是中华文明融为一体的基本样式，是中华文明包容性的鲜活案例。在实现中国式现代化的伟大进程中，更需要推进各民族交往交流交融，更加完美地体现"突出的包容性"。从国外层面看，"突出的包容性"决定了中华文化对世界文明兼收并蓄的开放胸怀。从中国历史上看，中华文明借助古丝绸之路，不断地同其他文明交流互鉴，不断获取发展的外在优秀文化成果。

中华文明所具有的"突出的和平性"，反映了中华文明与外部世界的关系性质。这个特性非常明确地表明，历史上，中华文明从来不搞扩张，没有侵略他人、称王称霸的基因。中国人民从来没有欺负、压迫、奴役过其他国家人民。和平、和睦、和谐是中华民族5000多年来一直在追求和传承的理念。这决定了中华文明与其他文明发展关系的和平性质。中华民族现代文明的建设，依然是这种"突出的和平性"的延续。

简而言之，"突出的连续性"和"突出的统一性"完美反映了中华文明的时空观，"突出的创新性"揭示了中华文明的内在动力和发展源泉，"突出的包容性"彰显了多元一体的思想和兼收并蓄的开放胸怀，"突出的和平性"体现了"中正平和"的价值观念。

边疆视域下的中华文明统一性

记　者　作为中国边疆学研究者,您关注的重点在哪里?

邢广程　中华文明的五个突出特性都是历史研究应该关注的重点,其中的统一性与边疆研究尤其相关。"中华文明的统一性,从根本上决定了中华民族各民族文化融为一体、即使遭遇重大挫折也牢固凝聚,决定了国土不可分、国家不可乱、民族不可散、文明不可断的共同信念,决定了国家统一永远是中国核心利益的核心,决定了一个坚强统一的国家是各族人民的命运所系。"

从古至今,各民族都为祖国大家庭的形成和发展贡献了力量。建立了向内凝聚的统一多民族国家和形成了多元一体的中华民族大家庭,是中华文明具有"突出的统一性"的重要历史表现。

早在先秦时,我国就逐渐形成了以华夏族为凝聚核心、"五方之民"共天下的交融格局。此后,中原地区的华夏族从黄河中下游向外发展,逐步形成了汉族;生活在中原地区周边的少数民族部落逐步向内聚集,形成了多民族融合互动、向内凝聚的自然历史过程。这些历史现象的产生,很重要的一个原因是,秦朝实行"书同文,车同轨,量同衡,行同伦",成为中国统一的多民族国家的重要起点。此后,无论哪个民族入主中原,都以"统一天下"为己任。这表明,在中国历史发展进程中,各民族逐步形成了强大的凝聚力,向内凝聚的结果使中华文明呈现出"突出的统一性"。

"多元一体"中的"多元"和"一体",深刻反映了中华民族各民族内在的多样性和统一性之间辩证和谐的共同体关系,恰如其分地反映了中华文明起源和发展的模式。目前,我国有56个民族,各民族在漫长的历史进程中,形成了各自的文化传统,此为"多元"。不过,这些民族从来不是以相互隔绝、相互排斥状态出现的,各民族大杂居小聚居,相互嵌入,具有不可分割的内在联系,形成了共同体,此即"一体",这就是中华民族。

在中华民族共同体中，各民族之间你中有我、我中有你，形成了强烈的共同体意识、共同价值追求和文化认同，56个民族这个"多元"在中华民族这个"一体"中得到充分体现。

鸦片战争后，中国逐步沦为半殖民地半封建社会，国家蒙辱、人民蒙难、文明蒙尘，中国人民遭受了前所未有的劫难。一部中国近代史，就是各族人民团结起来救亡图存的历史。在外来侵略寇急祸重的严峻形势下，各族人民手挽着手、肩并着肩，英勇奋斗，浴血奋战，打败了穷凶极恶的侵略者，捍卫了民族独立和自由，共同书写了中华民族保卫祖国、抵御外侮的壮丽史诗。

在中华民族和中华文明的危急时刻，各民族总是能同仇敌忾、保家卫国，生动体现了中华文明"突出的统一性"。

一部中国史，就是一部各民族交融汇聚成多元一体中华民族的历史。中华文明具有"突出的统一性"的重要论述，深刻揭示了中华文明"突出的统一性"对中华民族发展的重大意义，我们要深入学习领会其丰富的历史内涵和鲜明的时代价值。国家统一永远是中国核心利益的核心。自公元前221年秦朝建立至今的2000多年里，统一始终是中国历史的主流。当前，实现中华民族伟大复兴进入不可逆转的历史进程。实现祖国完全统一，是全体中华儿女的共同愿望，是实现中华民族伟大复兴的必然要求。中华文明"突出的统一性"告诉我们，国家统一，过去是、现在是、未来永远都是中国核心利益的核心。

为深入研究中华文明贡献力量

记　　者　今年恰逢中国边疆研究所成立40周年。您和研究所将如何为深入研究中华文明贡献力量？

邢广程　40年来，中国边疆研究的历代学人都做出了突出贡献，取得了很多成果。治国必治边。这是告诉我们国家和边疆治理之间的关系，治理国家，必须要把边疆治理好，所以我们有一系列重大的问题需要研究。中国边疆研究所的特色，就是不仅研究边疆历史，又要研究新边疆的现实问题，还要研究、观察中国边疆未来的发展趋势，特别是如何在国家治理体系和治理能力现代化中构建边疆治理体系和治理能力现代化的问题。今年恰逢中国边疆研究所成立40周年，我们想利用这个契机，好好总结研究所的学术研究成果和历史。我们将继承这些优秀的学术研究传统，把中国边疆学研究继续向前推进。

在当前和接下来的一段时间内，面向未来，我们要不断深化研究，为传承和巩固中华文明，特别是中华文明"突出的统一性"贡献边疆学的研究力量。

记　者　具体你们将从哪几方面开展工作？

邢广程　我们的工作将从三个方面展开：一是做好重大学术问题研究。我们要进一步回答好中华文明起源、形成、发展的基本图景、内在机制以及各区域文明演进路径等重大问题；深入研究阐释中华文明起源所昭示的中华民族共同体发展路向和中华民族多元一体演进格局；讲清楚中华文明是什么样的文明、中国是什么样的国家，讲清楚中国人的宇宙观、天下观、社会观、道德观，展现中华文明的悠久历史和人文底蕴等。二是推动创造性转化、创新性发展。中华民族始终把大一统视为"天地之常经，古今之通谊"，长期的大一统传统，塑造了中华文明"突出的统一性"。在建设中华民族现代文明的进程中，大一统传统和理念具有重要时代价值。中国历史研究院首批重点课题之一的成果《清代国家统一史》，从国家统一的视角，客观阐述了清代国家实现统一、巩固统一和维护统一的历史进程，较好地体现了大一统思想。我们要继续做好古代大一统思想的深度研究，推动其创造性转化、创新性发展，实现大一统传统与现代国家统一的有机衔接，不断筑牢中国人民国家认同的坚实文化基础。三是深入总结历史经验。司马迁在《史记》中将少数民族纳入中国史，随后的历代史著都延续这个体例和传统。这些史著真实客观和系统地记载了中华民族各民族融为一体的历史事实，体现出我国古代史学维护中华文明"突出的统一性"的担当。今天，我们要着力提高中华文明"突出的统一性"的研究水平，整合中国历史、世界历史、考古等方面研究力量，深入总结中华文明和中华民族实现、巩固和维护国家统一的历史经验，揭示维护国家统一的历史规律，把握国家统一的历史趋势，推动有关中华文明"突出的统一性"的历史研究不断走深走实，推出一批有思想穿透力的精品力作。

四川在西南区域扮演的角色非常重要

记　者　四川既是文化大省，也是民族文化大省。在推动文化传承发展方面，您对四川有什么建议？

邢广程　四川虽然不是边疆省份，但从区域格局来看，西南边疆的发展与稳定和四川关系很大，所以四川在我国西南区域所扮演的角色非常重要。四川本身就是一个多民族的省份，我也经常到四川的民族地区进行调研。可以看得出来，四川是完整、准确、全面地贯彻执行了中央的民族政策。

党的十八大以来，中央非常重视边疆建设、稳边固边工作。提升边疆治理体系和治理能力现代化，也是四川必答的命题。

民族大团结是我们的生命线。四川不仅要重视经济发展、社会发展，还要重视文化发展，采取多种措施，铸牢中华民族共同体意识，加强民族团结，各民族要像石榴籽一样紧紧抱在一起。促进各民族交往交流交融是党治国理政的重要理念，推动文化传承发展是促进各民族交往交流交融的重要途径。习近平总书记强调的中华文明"突出的统一性"，是四川要认真研究的，要搞清楚中华民族各民族融为一体，历史上是怎样的，现在和未来会怎么样。

四川是经济大省,也是文化大省、研究大省。在边疆学方面,四川有很多非常优秀的人才,也出了很多成果。中国边疆研究所愿意和四川的科研机构一起,推动边疆民族地区文化传承发展,促进各民族交往交流交融,为新时代稳边固边、铸牢中华民族共同体意识提供坚实理论支撑,切实担负起新的文化使命。

中国历史研究院学术成果精品展

(王国平)

04 文化传承发展百人谈

提　要

- 中华文化里，"中"的精神无处不在

- 我们讲物质文明与精神文明两手抓，法治与德治相结合，其实都透露出"中"的平衡、协调之意

- 文化传承，我们要从中华文化本身去寻找中国智慧和中国方案

- 所谓"五观"，是指宇宙观、自然观、生命观、伦理观、运筹观

宫长为 | 中国先秦史学会会长

人物简介

宫长为,吉林省永吉县人,中国社会科学院古代史研究所研究员、中国先秦史学会会长。毕业于东北师范大学历史系、吉林大学古籍研究所,获历史学学士、硕士和博士学位。1996年8月,进入中国社会科学院历史学博士后流动站。出站后,留在中国社会科学院历史研究所先秦史研究室工作。长期从事先秦史、简帛学和国学研究。

文化传承
要从中华文化本身去寻找中国智慧和中国方案

"从整体上说,我们现在对文化传承发展的重视达到了一个空前的高度,不仅是高等院校、科研院所,全国各地都在持续加强文化建设。"中国先秦史学会会长宫长为说,他非常乐见目前国内推动文化传承发展的热烈氛围,但仅仅有热情还远远不够。

从事史学研究40多年,宫长为一直专注于中国古代文明研究,特别聚焦于西周官制、《周礼》官联等课题,包括区域历史文化在内,发表了一系列学术论文并出版相关著作。

自2001年开始,宫长为相继担任中国先秦史学会秘书长、副会长兼秘书长、会长等职务,这让他有更多机会受邀参加并主持全国各地的文化交流和研究活动,也让他不再仅仅是历史文化研究者,更成为推动中华文化传承发展的实践者。

2023年8月24日,宫长为在北京接受了四川日报全媒体"文化传承发展百人谈"大型人文融媒报道记者的专访,从自己的史学研究之路说起,畅谈对文化传承发展的理解和认识。

◆ **史学研究生涯中的四位导师**

2022年,中国先秦史学会成立40周年。这个主要由国内从事先秦史教学和科研的工作者自发结成的全国性学术团体，与四川有着密切关系。

1979年，教育部委托四川大学历史系教授、著名历史学家、古文字学家徐中舒举办先秦史进修班，国内先秦史学界的青年才俊齐聚成都，跟随徐中舒学习先秦史。

当为期一年的进修班快结束时，大家商议成立一个研究会，由徐中舒挂帅。经过反复酝酿筹备，1982年5月，四川大学与四川省社会科学院的历史研究所、民族研究所等单位，联合举办了中国首届先秦史研讨会，中国先秦史学会就这样应运而生。

彼时的宫长为，正在东北上大学。用他的话说，自己才刚入门，自然是没有资格参加此等盛会的。但后来对宫长为史学研究生涯影响深远的金景芳、李学勤，都参与了中国先秦史学会的筹建工作。

1979年9月，宫长为考入东北师范大学历史系。其实，他最初是对中文感兴趣，但考试结果历史成绩更好，所以就报了历史系。在本科学习阶段，宫长为遇到了第一位导师宋敏。

历史系的先秦史授课老师，原本是先秦史学家詹子庆。但当时詹子庆恰好前往川大进修，就邀请吉林省社会科学院的宋敏代课。

1975年12月，睡虎地秦墓竹简在湖北省云梦县出土，也被称作云梦秦简。出土竹简总计1155枚4万多字，记录了战国晚期至秦始皇时期秦朝的法律制度、行政文书等，为研究秦朝政治、法律、经济、文化、医学等方面历史提供了重要资料。

到1980年，云梦秦简的研究已有了一些初步成果。宫长为记得，一天，他到宋敏家里拜访。宋老师拿出一些新近出版的资料给他，正是关于云梦秦简的，"宋老师说，这个还比较新，你有没有兴趣研究一下？"

在宋敏的指导下，宫长为完成了本科阶段最重要的一篇论文。该文刊登在《中国史研究》1982年第一期上。在读本科学生能在重要的国家核心期刊上发表文章，给了宫长为莫大的鼓励。"宋老师是我进入历史研究领域的领路人。"

1983年本科毕业后，宫长为考上了本校先秦史学家徐喜辰的研究生，成为当年徐喜辰招的两个研究生之一（另一位是2023年初刚卸任东北师范大学副校长的韩东育）。

1986年研究生毕业后，宫长为选择了留校。1988年，他前往吉林大学，拜入著名历史学家、国学大师金景芳门下，攻读历史学博士。金景芳对宫长为的史学研究生涯产生了深远影响。

"研究历史，本科是入门，硕士打基础，在金老的影响下，我最终奠定了自己的古史观。"宫长为说，在遇到金老前，他的研究重点主要围绕云梦秦简等考古成果，重点放在战国和秦始皇时期的历史。"后来，金老对我说，对整个先秦史而言，这个时期'晚'了一点。"

宫长为说，金老提出了秦统一封建论，对秦之前的奴隶社会，提出了夏代发生期、商代发展期、西周鼎盛期、春秋衰落期、战国转型期的基本认识。此外，金老特别重视对诸子百家特别是中国古代思想史的研究。

受此影响，宫长为调整了自己的研究方向，逐步将重点放在西周。

1996年8月，宫长为进入中国社会科学院历史研究所博士后流动站。主持这个博士后流动站的是另一位历史学、考古学大家李学勤。李学勤当时是中国社会科学院历史研究所所长，最早在全国招收历史学博士后。

回忆起这段往事，宫长为提到了一个有趣的细节。

"我读博士是拜在金景芳先生门下，李学勤先生在金老面前一直以晚辈自居。"为此，宫长为专程拜访金老，心怀忐忑地提出了自己的想法。

"金老想也没想就回答：'好，我支持你。'"宫长为说，金老不仅支持他，还和詹子庆一起分别给他写了推荐信。

宫长为回忆，金老后来提到了为何支持他一定要去北京："金老说：'研究历史，眼界很重要。你之前一直在东北，眼界还不够，到中国社会科学院，你就能放眼全国，视野更开阔。'"

◆ **关于文化传承发展的三件事情**

在40多年的学术生涯里,宫长为认为,自己不仅是一个单纯的历史文化研究者,更是推动中华文化传承发展的实践者。担任中国先秦史学会秘书长以来,伴随着全国各地兴起的文化热,他有了更多机会参加各种文化交流和研究活动。

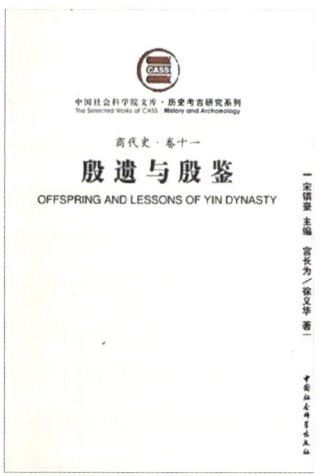

宫长为出版的著作

"对我来说，这也是一个新的学习交流机会。"宫长为说，通过近年来到全国各地造访交流，再加上自身的研究，他提出了一套区域文化理论，或者说是一个研究区域文化现象的方法论。宫长为介绍，观察研究区域文化现象，可以从三个维度入手。一种文化现象的出现，第一要讲它的内涵与外延，追溯它的起源、传承发展的过程，这是对文化的界定。第二是讲表象和特征。例如，一个地方谈大禹文化，有什么具体表象，当地是否有大禹陵、大禹庙，不一定是考古遗址，但一定要有文化遗址。每个地方的表象可能不同，通过这些表象找出几个比较有代表性的特征，作为文化的承载。第三是讲地位和影响。一个文化现象可能是遍地开花的，但一定会有一个原点。哪些是原生的，哪些是次生的，地位和影响力是不同的，有些问题也需要通过考古发现来逐步梳理。宫长为说，这套理论，他已经进行了初步梳理总结，希望未来能不断总结完善，为国内各地的区域文化传承发展提供参考。

除了区域文化理论，宫长为还打算做两件事情。

第一件事，与他持续多年的研究相关。在读博士和博士后阶段，在金景芳和李学勤的建议下，宫长为将他的研究重点放在了西周史，尤其是西周官制和《周礼》官联。

西周官制是指西周时期的国家政治组织和社会制度。中国古代国家制度的开创和厘定，绝大多数都是在西周时期完成的，对西周自身乃至整个中国国家制度的建立发展都极其重要。

《周礼》官联是对西周官制更深层次的研究。官联是指官吏联合治事，在春秋战国时期，官吏的很多职能是交叉重合的，这其中有很多制度结构上的考量。

研究西周史以来，宫长为已经发表和出版了一系列的论文和著作，但他仍觉得没有一个相对完整的梳理总结。"所以，我打算做一些整理，争取出两部专著：《西周官制研究》和《〈周礼〉官联研究》。"

第二件事，与文化传承发展有关。宫长为认为，中华文化博大精深，归纳起来就是阴阳之道，强调"中"的精神。近年来，宫长为与国内多位专家学者一起，正在进行名为"五观"的文化课题研究。

所谓"五观"，是指宇宙观、自然观、生命观、伦理观、运筹观，这是从自然到社会发展的过程。与之对应，在古代中国能找到《易经》《道德经》《黄帝内经》《论语》《孙子兵法》这5本书。"弘扬中华优秀传统文化，我觉得要把这5本书读好。我们的课题，就是要把这5本书中的内容贯通起来，阐释其中的价值理念。我觉得，这也是中华优秀传统文化的核心价值理念所在。"宫长为说。

从治国理政的高度理解文化传承发展

中华文化里，"中"的精神无处不在

记　者　对习近平总书记在文化传承发展座谈会上的重要讲话，您有哪些认识和理解呢？

宫长为　党的十八大以来，以习近平同志为核心的党中央高度重视文化强国建设，提出要从中华优秀传统文化中汲取治国理政的精神力量。但怎样从治国理政的高度理解文化传承发展呢？

党的二十大报告提出了中国式现代化的五大特征：人口规模巨大、全体人民共同富裕、物质文明和精神文明相协调、人与自然和谐共生、走和平发展道路。在文化传承发展座谈会上，习近平总书记又提出了中华优秀传统文化塑造出中华文明的五大突出特性：连续性、创新性、统一性、包容性、和平性。

对比后，我发现，两者之间的内在逻辑是相通的。甚至可以说，正是中华优秀传统文化塑造出中华文明的五大突出特性，决定了中国式现代化的特征。

在习近平总书记的重要讲话中，令我印象深刻的还有"两个结合"。特别是"第二个结合"，把马克思主义基本原理同中华优秀传统文化相结合，这是我对习近平总书记这次重要讲话最根本的体会，也是我对中华优秀传统文化传承发展的理解和认识，那就是"中"的精神。

无论古今，中华文化里，"中"的精神几乎无处不在。例如，古时候孔子讲中庸；进入现代，我们讲物质文明与精神文明两手抓，法治与德治相结合，其实都透露出"中"的平衡、协调之意。

研究先秦历史文化，具有不可替代的现实价值

记　者　中国先秦史研究对中华优秀传统文化传承发展具有哪些历史和现实意义？

宫长为　我们讲人类历史，中华民族有百万年的人类史，一万年的文化史，五千多年的文明史。这样漫长的发展历程，先秦时期占据的位置很特殊。可以说，灿烂的中华文明，正是孕育并奠基于先秦时期。研究先秦历史文化，对国家和文明起源研究等具有重要意义，对弘扬中华优秀传统文化和繁荣发展中华文明历史研究，具有不可替代的现实价值。

研究先秦历史，你会发现有许多关系中华民族繁衍发展的重大进步和变革。举个例子，考古学上讲，大约一万年前，人类从旧石器时代开始向新石器时代过渡，是农业文明的开端，伏羲、女娲的传说也追溯到这个时期。关于伏羲和女娲，从血缘概念上讲，中华民族都是羲皇子孙，有一个爹是伏羲，有一个妈是女娲。但是，在很多文献记载和传说中，伏羲和女娲的关系，有的是兄妹，有的是夫妻。

为什么会出现这种差别？因为，在这个时期，人类开始意识到近亲通婚的问题。从旧石器到新石器的过渡，也是人类氏族从族内婚到族外婚的过渡。在现代，我们通过科学论证，非常容易理解近亲通婚的问题。但是，考虑到那是在一万年前，对当时的人类来说，这种意识上的进步可以说是奇迹性、根本性的变革。

构建中国特色哲学社会科学学科体系、学术体系、话语体系

记　者　对于文化传承发展的现状，您认为还存在哪些问题？有何建议？

宫长为　从整体上说，我们现在对文化传承发展的重视达到了一个空前的高度，不仅是高校，各个地方也都在抓文化建设，把文化建设放在治国理政的高度。我觉得，在我们学术界，在文化自信上，特别是近些年来在国家夏商周断代工程的基础上，中华文明探源工程得以持续展开。但总体上讲，由于受到种种影响，我们的话语体系还不够完善。过去，我们在学术研究上更多采用西方的一些理论和方法。当然，中西方文明是互鉴的，但我们缺少用自己的话语体系来形成对中国历史本身的深刻认识。我们需要构建中国特色哲学社会科学学科体系、学术体系、话语体系。这让我回想起李学勤先生之前讲历史研究时说的话：在世界古文明中，研究古埃及有埃及学、研究古希腊古罗马有古典学、研究两河流域有亚述学等，唯独中国没有类似学科。当然，一个客观原因是中华文明延绵至今从没有断过，但作为世界古文明之一，我们应该建有一个自己的学科。所以，李学勤先生提出了中国古代文明研究这样的一个学科。直到今天，我们做的中华文明探源等，都是在做这样的事情。但要建立一个学科体系，不是一蹴而就的。例如，最初发现甲骨文时建不了学科，只能算是学术研究。但学术研究到了一定时候，就成体系了，就可以构成一个学科。这个学科反过

来又推动学术发展。学术、学科之间相互依存、相互影响，它们的建设发展合在一起，构成一个学派，这个学派最终会主导一个话语体系，就是习近平总书记讲的"中国特色、中国风格、中国气派"。一个国家、一个民族的强盛，总是以文化兴盛为支撑的，中华民族伟大复兴需要以中华文化发展繁荣为条件。文化传承，我们要从中华文化本身去寻找中国智慧和中国方案。

同时，在推动地方文化建设上，我们也要从中汲取营养和力量。不过，我也发现一个问题：各地经常会把各自的文化无限放大，想要把所有的东西都装进去。例如，讲中华文明的起源，讲伏羲文化、炎黄文化、尧舜禹文化，各个地方都在讲，各地都试图建设自己的区域文化。这需要我们对文化有整体的理解和认识，或者说，需要有一个宽阔的胸怀。

一种文化现象在某个地方出现，我们去观察研究它的内涵和外延、表象和特征、地位和影响，会发现它一定是有所支撑的。有的文化现象是可以通过历史和考古发现来验证的。例如，安徽蚌埠的禹会村，这个名字古已有之，当地也流传着大禹会诸侯的故事。后来，通过考古发现，遗址现场最引人注目的是，相应年代的地层上有排列类似巨型脚印的35个柱洞。这些柱洞是干啥的？大家推测，大禹会诸侯，各地诸侯都有一面旗帜，这些柱洞可能是用来插旗帜的。考古还发现，这些柱洞开挖于高台上，台基上还分布有烧祭面、祭祀沟、祭祀坑等，推测这里可能是一个举行大型集会、祭祀或宴飨活动的地方。当然，通过历史和考古学来验证也是有限的，特别是很难做到精准。但一个地方要谈某种文化，黄帝时期在5000年前后，大禹在4000年，殷商在3000年，就需要到相应时期的地层去发掘，看有没有相关的东西。如果没有，我就讲这个是基础不牢。

四川应把巴蜀文化作为一个整体进行建设

记　者　您经常到访四川，也非常了解四川，对四川的文化传承发展有哪些建议？

宫长为 四川的文化建设做得非常好，也非常有特色。现在最火热的当然是三星堆了。我认为，三星堆研究已经走在了中国古代文明研究的最前沿。我们看中国史学研究，就看三星堆文化。

但有一点，四川别忘了：我们是巴蜀大地。所以，我就想，四川应该把巴蜀文化作为一个整体进行建设。

近年来，关于三星堆的论坛、研讨等做得很多了，从考古学和历史学的角度，四川从营盘山遗址到宝墩遗址，再到三星堆、金沙等，文化是有传承的。从整体上看，核心是巴蜀文化。

现在提到三星堆，很多人的印象是非常神奇。从考古序列上看，四川岷江上游发现了距今5300年到4600年的营盘山文化；接下来，在成都平原发现了距今4500年左右的宝墩文化，这是成都平原迄今为止能追溯到的最早的考古学文化；然后，再到距今3600年到3100年的三星堆文化，以及金沙文化。它们相互之间都是有关联、有传承的。

从营盘山文化继续往上，我们发现，它受到了来自中原的马家窑文化、仰韶文化的影响。所以，三星堆不是外来文化，是受到中原文化深刻影响的。可以说，三星堆文化、金沙文化是巴蜀文化的特色，但它也是在巴蜀文化的范畴内。

我们经常讲，要从世界的视角看中国，从中国的视角看各个区域，反过来也是一样。讲三星堆文化，要把它放到巴蜀文化中去看处在什么阶段，再把它放到中华文化中去看。在对中华文化、巴蜀文化有一个宏观把握的前提下，再对三星堆文化进行深入挖掘。

巴蜀文化的内涵很丰富，不仅有三星堆、金沙，还有宗教领域的，丝绸之路的，等等。虽然现在一般人讲巴是指重庆，蜀是指四川，但在文化传承上，是一个整体。所以，我觉得四川省和重庆市应该联合起来，例如，开一个巴蜀文化的论坛，把大家的文化资源整合在一起，有一个整体性的把握，这样才能真正把巴蜀文化传承好、发展好。

（付真卿）

05 文化传承发展百人谈

提 要

● 文物最好的展示地就是在出土的地方，如果离开遗址，对文物的信息量是一个巨大损失

● 殷墟考古需要一代又一代考古人的接续努力，我们这代人只能做一部分

● 我们的前辈把殷墟圈起来、保下来，现在我们的任务是让以殷墟为代表的商文化"活"起来

● 殷墟应该三步一景点、五步一故事，让今天的人们能够走进遗址的道路、水渠、宫殿、作坊、居民点等，那才能让人们穿越到历史中

唐际根

南方科技大学讲席教授
考古学家

人物简介

唐际根，江西萍乡人，南方科技大学讲席教授，中国社会科学院考古研究所前首席研究员。曾主持发现埋藏地下3000余年的商王朝中期都城（洹北商城），完善了商王朝的编年框架。推动并参与殷墟申报世界文化遗产并取得成功。

殷墟考古需要一代又一代考古人的接续努力

5年前,在殷墟科学发掘90周年纪念大会上,主持人曾问回安阳参会的唐际根:"回到曾经工作了27年的殷墟,有什么感言?"唐际根稍作沉吟后说:"我离开了,但没离开,因为离不开。"

在新中国的殷墟考古人中,除了发现妇好墓的女考古学家郑振香,20多年前发现洹北商城的中国社会科学院考古研究所安阳工作站前站长唐际根,也是大众较为熟悉的一个。他屡屡亮相各大媒体讲殷墟考古、讲商朝故事,在出版多部著作之后,他的新著《寻商:手铲与司马迁的对话》也正在写作中。自1928年开启正式考古以来,殷墟发掘工作已持续近百年。历代考古学者在这里发现了震惊世界的甲骨文、发现了商代的宫殿和王陵、发现了中国历史上第一位有史料记载的女将军妇好之墓,丰硕的考古成果,举世瞩目。20世纪80年代,初出茅庐的唐际根来到安阳。这位喜欢挑战的年轻人在梳理殷墟考古资料时,敏锐

妇好鸮尊

发现商代考古学文化分期并不完整。顺藤摸瓜，他最终带领团队一举发现了商中期的洹北商城，填补了以郑州商城为代表的早商和以殷墟为代表的晚商中间的缺环，完善了商王朝的编年框架，为20世纪90年代的夏商周断代工程贡献了重要成果。

亚牛长尊（商），迄今为止是殷墟发现的唯一一件牛形青铜尊

司母辛铜鼎，1976年小屯妇好墓出土

唐际根在接受四川日报全媒体"文化传承发展百人谈"大型人文融媒报道记者的专访时表示，尽管已经离开安阳多年，他的科研重点仍然是商王朝，并且殷墟是重中之重，"殷墟的研究要做一辈子。"

◆ **善思**

发现商文化分期隐藏研究线索

关于商王朝，除了司马迁的《史记·殷本纪》之外，最大的信息来源就是近百年来的考古。正是大量甲骨文的发现，让商王朝的历史成为信史。而伴随着考古材料的陆续出土，以郑振香为代表的考古学者认为，殷墟考古已经解决了遗址分期、遗址布局、商王朝社会性质三大问题。

刚刚进入中国社会科学院考古研究所工作的唐际根读完相关论著后却提出了质疑。这位北京大学考古系的高才生，本科毕业论文曾被考古泰斗严文明先生给了92分的高分，工作后虽然从事新石器考古工作，却对夏商文化也感兴趣。当他偶然读到考古大家邹衡的《夏商周考古学论文集》时，觉得夏商考古大有可为，于是义无反顾踏上了前往安阳之路。

唐际根认为，安阳考古成果丰硕，但依然有很多学术问题悬而未决，"比如关于商王朝的分期。按照甲骨文记录，商王朝从成汤开国到商纣败亡，经历了17代31位王。但发掘显示，安阳殷墟的主体遗迹只相当于第20位国王盘庚迁殷至商朝灭亡的商后期，之前19位国王的商朝遗迹必须到安阳以外寻找。按考古学泰斗邹衡先生论述，以郑州商城为代表的城址是商王朝早期遗址。那么商王朝曾多次迁都，在商早期和商晚期之间，还有没有一个商中期呢？"

唐际根的疑问并非凭空猜想。整理考古材料时，他发现早商阶段最晚时期的陶器和殷墟最早的陶器存在明显差别。"拿陶鬲举例，郑州出土的早商陶鬲和殷墟出土的陶鬲形态完全不同。器物的发展是循序渐进的，郑州商城和殷墟两地的陶鬲呈现的过大'跳跃性'，不符合历史发展规律。

推测早商与晚商之间应该存在缺环。"

然而，要把推论变成结论需要证据。在发表论文提出了早商与晚商之间存在"缺环"的观点之后，唐际根将田野工作的目光投向了京广铁路安阳段的四处遗址。这片自1959年以来陆续发现的遗址，出土的陶器和青铜器风格相似、年代相同，更重要的是相互间距离并不远。唐际根脑洞大开，"4处遗址会不会从地层上属于同一遗址？如果是，那这么大的遗址又意味着什么？"

◆ **善察**
　　揭开中商文化面纱

1996年，唐际根启动了豫北冀南的区域考古调查，他要通过这次调查将他心中的疑窦解决，重点依然是他念念不忘的4处已知遗址。

那是一个大风天，唐际根开车带着技工到安阳洹河北岸花园庄村附近的豫北棉纺织厂附近勘探。在纺织厂大门南侧的一块蔬菜地，唐际根一不小心踩坏了一棵白菜。他顺势将白菜拔出，突然发现白菜根须上粘着一块陶片。凑近一看不由大喜，"就是商中期的陶片！"

唐际根并非天生火眼金睛。在写硕士论文时，他曾把公开发表的商代陶片资料全部复印下来，再根据规律贴到墙上，每天不停琢磨研究，对商代陶片的特色可谓烂熟于胸。白菜地里的中商陶片重见天日，引发了次年在白菜地里的考古发掘。1997年，唐际根团队在这里布设考古探方，发掘出商朝中期的一批灰坑、灰沟和一堆碎陶片。他意识到这批陶片的价值，迅速整理出一份考古简报投到《考古》杂志。遗憾的是，这篇简报却被退回修改，有审稿人认为用一堆碎陶片来论述商中期的存在尚缺说服力。

简报被退回，激发了唐际根年轻人的血性，"退稿就是因为缺乏完整陶器。"他找来技工师傅，将发掘出来的全部陶片集中到一起，又从自己的裤兜里摸出一叠现金，对着技工师傅们说："你们几位加个班将这堆陶片整理一下，看看能不能拼对出完整器物来。这里是70块钱，每拼出一件就拿走10块！"

"结果第二天，7件由碎片拼合的陶器摆在地上。我的70块钱就没有了，哈哈哈……"时隔20多年，唐际根依然能回忆起这些细节。最终，他以这些复原的陶器为基本素材发表了那篇震惊业内的《1997年安阳花园庄发掘简报》，简报宣布这里发现的遗址属于商中期。

此后考古队员再接再厉，在附近拉网式勘探，果然发现此前所谓的4处遗址，地下却是连成一片。第一次勘探结束时，4处遗址加在一起的面积不小于150万平方米。现场学术研讨会在1998年举行，中商文化逐渐获得业界认可。

此时，唐际根内心却在琢磨更深层次的问题：这处遗址会不会与都城有关呢？

◆ **善考**

发现洹北商城

要回答这个问题，仍然要依靠田野工作。唐际根带领考古队持续在京广铁路附近勘探。

1999年，唐际根从安阳回北京处理私事。临行前，他委托同事继续勘探，找寻地下遗存的边界。三天后，同事刘忠伏突然打来电话："可能找到城了！"

唐际根闻言兴奋不已。他立刻买票返回安阳。下车时是凌晨，光线昏暗，再加上过于激动，他竟然一只脚穿了自己的鞋，另一只脚穿了别人的鞋回到考古队。

刘忠伏等人此时勘探的城墙已经延伸了300多米。唐际根到达后，仅一天又将夯土城墙延伸到1000多米。两个月后，考古人员历经艰辛，终于将城墙合龙。勘探成果赫然在目——这是一处面积达4.7平方公里的商王朝中期古城。

如果这是一座城，并且是中商都邑，那宫殿又在哪里？唐际根继续在田野中找寻证据。

那一阵，唐际根和同事们采取了"阵地战法"，在城址内分片勘探。只是到旧机场下铲，被机场保安以影响飞机起降赶出；到机场附近村里的菜地勘探，又被当地村民要求打一个孔两块钱。无奈之下，唐际根带着队员到附近苹果树林下铲，没想到一铲下去就打到了非常瓷实的夯土。系统勘探后，竟然发现了一座面阔170多米的夯土建筑以及大量红烧土块，此后的材料证明，这是中国考古界首次发现如此大型的商代四合院。

在其他点位的考古也有惊喜。机场围沟因发现了夯土而进行解剖，结果沟内700多米的剖面发现20多处夯土建筑。尤其发现一块白陶时，唐际根兴奋不已。他知道，白陶是商王朝贵族使用的器物。此后半年，考古人员在此发掘了一处面阔170米、进深85米至91米的四合院建筑，在院子里的台阶附近发现40余处祭祀坑，还发现了陶器、玉器等文物，所有遗存都属于商中期。

河南安阳殷墟宫殿宗庙遗址

一座新发现的商中期古城正式被确认。唐际根将其命名为"洹北商城"。洹北商城的发现，以无可辩驳的证据，证实了商中期的存在。这一发现把过去早、晚两期的框架，变成了早中晚三期的框架，丰富了学术界对商王朝历史的认知。

在殷墟工作期间，唐际根还推动了殷墟申报世界文化遗产，促成了中国社会科学院考古研究所与安阳市共建殷墟博物馆。2017年，他辞别安阳前往南方科技大学任教，但是在他心里，未来的科研工作仍然离不开殷墟。这位来自中国南方的考古学家，一生都将是"殷墟人"。

希望还原一个有血有肉的商朝

商代祭祀殉人不是奴隶，而是抓来的俘虏

记　者　前段时间，电影《封神》上映，让商代再次受到公众关注。根据目前的考古材料来看，商朝究竟是一个怎样的王朝？

唐际根　司马迁在《史记·殷本纪》中，对商朝的历史有过简单记载，殷墟出土十万余片甲骨，所刻文字又丰富了对商代的认识。而1928年开启的殷墟考古，则揭开了一个更加真实的商代。

比如说殷墟虽然以青铜器流传于世，但日常生活主要使用陶器；殷墟的墓葬出土了大量马车，可以知道商代已开始使用这种新的交通工具。动植物考古显示，商人的食物，主粮是小米，其他则包括鸡、鸭、鹅、牛、羊、猪；那时没有桌椅，他们吃饭时膝盖着地，所以殷墟出土的商人骨骼、膝盖骨上常有磨损痕迹；此外，青铜器中有大量的酒器，证明商代人善酿酒、爱喝酒；商代贵族住着"四合院"，殷墟的道路也非常宽广，很多大型道路宽达十几米。殷墟出土的陶三通，证明他们3000多年前就已懂得铺设城市地下管网；他们的文字也并非主要刻在甲骨上，而是直接用毛笔写在竹简或者木牍上。因为殷墟的少量甲骨卜辞和玉器上，都发现过用毛笔书写的文字。当然，著名考古学家郑振香还发现了妇好墓、妇好铜钺等文物，证实了甲骨文所记载的3000多年前的女将军确有其人。

记　者　《史记·殷本纪》说商代最后一个王商纣王宠妲己，并且"重刑辟，有炮烙之法"，考古是否可以看出商纣王的残暴？

唐际根　根据考古材料并结合甲骨文来看，商代的王都残暴，因为他们相信天命和祖先祖灵，要杀人祭祀。殷墟西北冈的王陵区，密集分布着2500多座祭祀坑，里面有殉人的累累白骨。在殷墟博物馆，观众可以看到两件青铜甗都装着人头。这两件青铜甗分别发现于1984年和1999年，最初大家发现碎裂的头颅时，还以为这是头颅不小心掉在甗内所致。结果1999年在殷墟刘家庄北地1046号墓再次发现相同情况，专家对头骨进行检测，发现钙质流失严重，才发现商代把殡葬者的人头进行蒸煮，同样是一种祭祀行为。

在殷墟考古时，我们发现殷墟墓地是按家族埋的，仅有大约3%的墓一无所有，剩下的都有随葬品。王陵区的殉人不是奴隶，而是抓来的俘虏。我们曾利用锶同位素技术，寻找过祭祀坑内人骨的来源。这种技术的科学依据是，生活在不同锶同位素组成地质背景环境中的人，其体内锶同位素组成存在差异。检测显示，王陵区祭祀坑中的人骨都是当年殷墟以外的人，且大多来自西边，可能就是与商人为邻的羌人，只有一小部分从南边抓来。这也跟甲骨文的记载对得上。

记　者　商王朝的最终覆灭，和商纣王的残暴有关吗？

唐际根　暴政之下，肯定要引来反抗。所以武王伐纣时，蜀、巴都参加了。但是商朝的灭亡应该还有其他我们不知道的原因。考古显示，商王朝从商纣王太爷爷武乙之后，铜器做得越来越差、陶明器也越来越草率。商朝中期应该是商王朝最厉害的时候，幅员辽阔，在湖北盘龙城设置军事重镇管辖当地。但随着地方文化的崛起，当然也可能和商朝的统治方式有关，后来管不住就只有收缩。到纣王时期，他在位时间很长，后来为所欲为，最终动摇了国本。

殷墟还有很多工作要做

记　者　夏商周断代工程首席专家之一的李伯谦曾这样评价："就考古学而言，没有哪处遗址的重要性超过殷墟。"殷墟发掘已近百年，成果丰硕，未来的考古发掘和文物保护还应朝哪些方向努力？

唐际根　殷墟还有太多的问题没有解决。殷墟作为商王朝晚期都邑到底是什么模样？现在并不能完整地复原出来。比如，文献记载里有纣王宫，考古虽然挖出了宫殿，但无法确认哪一座是。殷墟都城各个居民点之间怎么沟通？一个居民点究竟住了多少人等，都需要研究。所以，殷墟的考古需要一代又一代考古人的接续努力，我们这代人只能做一部分。

　　虽然我已经离开了安阳考古队，但未来的主业仍然会是商研究。最近我在写一本关于殷商的书，希望试图打通文献、甲骨和考古材料，描述一个更加丰满的商王朝。比如为什么古蜀国是蜀方，它和商王朝是什么关系？妇好到底是怎样的一个人？整个殷墟究竟有多少人？等等。我还在做一件事——打造"数字妇好"。我心目中的妇好，第一要有血统，即要根据考古资料提供的信息来打造。第二要有智力，她不光是一个形象，要设计一个数据库跟着她，她会知道"天命玄鸟，降而生商"，知道自己是商王武丁的配偶，知道自己生过孩子，知道自己的朋友圈，她还可以和今天的人们对话。我期待未来我们开学术会议的时候由妇好来主持。我们的前辈把殷墟圈起来、保下来，现在我们的任务是让以殷墟为代表的商文化"活"起来。

记　者　作为一名考古人，当年为何会力推殷墟申遗并修建殷墟博物馆？

唐际根　主要还是和殷墟的保护有关。因为那时有很多破坏遗址的违法活动，申遗成功能提高公众保护意识，扩大知名度。再加上当时各部门恰好也重视，这件事就搞起来了。殷墟博物馆也在这个背景下建立，我一直认为文物最好的展示地就是在出土的地方，如果离开遗址，对文物的信息量是一个巨大损失。现在回想起来，我还有一件事没有办成。其实我心目中的殷墟博物馆应该是一个遗址公园，而不单纯是把文物摆进建筑。殷墟应该三步一景点、五步一故事，让今天的人们能够走进遗址的道路、水渠、宫殿、作坊、居民点等，那才能让人们穿越到历史中。那是我的终极梦想。

三星堆除了青铜器，应该更重视那座城

记　者　习近平总书记2023年7月26日到三星堆视察时，点赞三星堆为中华文明多元一体、古蜀文明与中原文明相互影响等提供了更为有力的考古实证。现在我们基本知道了中原文明如何影响了三星堆，但从哪些地方可以看出三星堆又影响了中原文明？

唐际根　三星堆遗址的考古发掘成果有目共睹。第一它通过考古印证了长江上游在3000多年前存在过一个古王国，并且创造了灿烂的青铜文明。第二它是3000多年前中国青铜文明鼎盛期的一个缩影。第三它通过精美的出土文物，描绘了一个多元一体的中国。

　　三星堆文化通过长江中游与中原夏商文化建立了密切联系。商王朝

早、中期，以尊和罍为代表的商王朝青铜器传播到长江中游，再溯江而上传播到三星堆。因此，三星堆既体现了本土文化的坚持，比如他们有祭祀的大立人、有通天的神树、有繁缛复杂的神坛，但是当北方的青铜技术和礼制南下，也被三星堆吸收，所以我们看到了顶尊跪坐人像，那些顶尊的虔诚跪坐人是古蜀国的，他们顶着的尊又代表着商文化，这些器物背后是北方的尊和罍体现的制度和技术的影响，也就是多元一体的生动体现。

如果以全球的视野来看，三星堆文明跟它所代表的古蜀国，是人类历史的发展截面。在那个时代，两河流域是加喜特王朝，尼罗河流域是新王国时期，黄河流域是商王朝，它们共同发展了地球的区域文明，并且都跟河流有关，这些可以丰富我们对地球文明的认知。

当然，三星堆和中原文明的相互影响，目前来看有主有次，主要还是中原文明影响了三星堆。我们可以看到三星堆祭祀坑出土的青铜器以及背后的礼制，是来自中原的商中期甚至商早期。但是古蜀国的一些思想观念甚至实物，也的确影响到了中原文明。比如三星堆出土了大量有领玉璧，在云南、江西这种器形都有发现。殷墟妇好墓里也出土过，但数量极少，所以学术界推测有领玉璧的源头可能就是三星堆。也就是说，虽然商早期或者商中期的技术制度南下影响了三星堆，但古蜀国在接受影响的同时，也把自己的文化进行了输出。

记　者　您曾经为殷墟申遗做出贡献，如今三星堆正在积极推进申遗，对此您有何建议？

唐际根　依然还是研究、保护和展示。三星堆遗址至少符合世界文化遗产6条标准中的4条，但价值还需深挖，要在具有的普遍价值里挖掘它最突出的地方。此外，保护和展示要做好，这并非只是给出土文物建一座博物馆，而是展示以三星堆遗址为中心的一整套体系。比如三星堆古城究竟是什么样子，至少得有旅游线路来体现，让专家和公众对三星堆遗址有直观的印象。此外三星堆古城考古研究工作未来还应该继续。

比如说三星堆的王陵有没有？古城究竟怎么布局？那些青铜器、玉器的生产作坊区在哪里？等等。三星堆祭祀区的出土文物最吸引大家眼球，然而这些青铜器只代表了古蜀国的某一个时间段，整个三星堆古城是更需要关注的遗迹。

（吴晓铃）

文化传承发展

百人谈

06

提 要

- 想要更好地了解中国，应该从孔子开始。想要更好地了解儒学，则需要"正本清源"

- 要传承和弘扬优秀传统文化，首先要走近传统文化，了解传统文化

- 有了文化自知才能实现文化自信，建立文化自觉，进而实现文化自强

- 中华文化走向世界，也是以儒学为重要组成部分的中华传统文化走向世界的过程

- 传承发展优秀传统文化一定要牢牢把握"坚持守正创新"的思想真谛

杨朝明

孔子研究院原院长
中华孔子学会副会长

人物简介

杨朝明，历史学博士，山东大学儒学高等研究院特聘教授。国际儒学联合会副理事长、中华孔子学会副会长、中国哲学史学会常务理事。历任曲阜师范大学孔子文化学院院长、历史文化学院院长，山东省儒学研究基地主任、首席专家，尼山世界儒学中心副主任、孔子研究院院长等。在儒家文献与中国早期文明、儒家学术史等研究领域取得丰硕成果，提出"正本清源"的研究理念。著有《儒家文献与早期儒学研究》《出土文献与儒家学术研究》《儒学精神与中国梦》《〈孔子家语〉综合研究》《从文化自知到文化自信》等。

让孔子、儒学与中国传统文化
在更大范围内普及和传扬

坐落在曲阜城市中轴线上的孔庙建筑群规模宏大、布局严整。孔庙东侧，便是以青砖灰瓦建筑为主体的"天下第一家"——孔府。出孔庙，沿神道向南行走不到一公里，孔子研究院赫然矗立。2013年11月26日，习近平总书记曾到孔府和孔子研究院考察，并同有关专家学者座谈。

2023年9月6日，满头银发的杨朝明在曲阜接受四川日报全媒体"文化传承发展百人谈"大型人文融媒报道记者的专访。作为孔子研究院的时任院长，杨朝明对于当时情景记忆犹新。

"当天我从五个方面报告了儒家思想的当代价值。"杨朝明说，"第一个是世界意义，孔子是和苏格拉底、柏拉图齐名的世界级哲学家，他的思想是人类文明的基本组成部分。第二，孔子思想是整个中国和华夏文明的共同纽带，是中华民族最深层的精神追求。第三，孔子思想是马克思主义中国化最深厚的文化土壤，中国特色社会主义也是以孔子思想为丰厚的土壤。第四，孔子思想对于我们现在社会的治理，党风廉政建设具有很大意义，孔子提出的为政以德、为国以礼、富而后教、修己以敬、义利观、中和，都对治国有影响。第五，孔子思想还有提高个人修养的作用，以及对青少年的价值观培养的价值。"

在杨朝明看来，想要更好地了解中国，应该从孔子开始；想要更好地了解儒学，则需要"正本清源"。

几十年来,杨朝明专注于孔子和儒学的研究工作,在儒家文献与中国早期文明、儒家学术史等研究领域取得丰硕成果。与此同时,作为儒家文化的传播者、实践者和推广者,杨朝明通过不同的形式让儒学走向大众。

◆ **总书记说,这两本书我要仔细看看**

建筑巍峨壮观,古木繁茂参天。千年文脉,以此相传。

采访杨朝明之前,记者先去了孔府、孔庙、孔林,虽然暑期已过,但到这里的游客仍然络绎不绝。景区里有不少文创商店,最畅销的伴手礼却是两本书:《孔子家语通解》《论语诠解》。这两本书,都是由杨朝明主编。

2013年11月26日,习近平总书记来到孔子研究院。作为时任院长,杨朝明向总书记介绍了研究院的情况。

当天,桌子上摆放着展示孔子研究院系列研究成果的书籍和刊物,总书记一本本饶有兴趣地翻看。看到《孔子家语通解》《论语诠解》两本书,他拿起来翻阅,说:"这两本书我要仔细看看。"

《孔子家语》《论语》都是记录孔子及孔门弟子思想言行的著作。所不同的是,《孔子家语》汇集了孔子的大量言论,再现了孔子与弟子、时人谈论问题的许多场景,还有经过整理的孔子家世、生平、事迹以及孔子弟子的材料。

在杨朝明眼中,这两本书是孔子思想的核心表达,因此他选择对两本书进行解

位于山东曲阜的孔子博物馆,矗立着一座巨型孔子塑像

读。《论语诠解》从仁者爱人、为人知礼、学以致道、仁义之交、孝悌齐家、处世之道、君子境界7个方面阐述了《论语》的思想精髓及对现实生活的指导意义，并对《论语》的很多言论进行了重新诠释和解读。《孔子家语通解》则是对《孔子家语》的通盘解说。

杨朝明说，几千年来关于《论语》的解释出现了很多歧义，而歧义的出现多是因为原始资料的丢失。"与《论语》相比，《孔子家语》内容丰富，具体生动，首尾完整。这两本书相互印证，能让我们从整体上构成对孔子、对儒家的理解。"

《孔子家语通解》《论语诠解》两本书，已数次再版加印，发行量总计已达50余万册，并被翻译成英语、德语等16种文字，成为海外读者了解儒家文化的重要著作。

◆ **从文献着手，深研孔子和儒学**

在2500多年的历史长河中，孔子创立的儒家学说以及在此基础上发展起来的儒家思想，对中华文明产生了深刻影响，是中国传统文化的重要组成部分。但杨朝明也坦承，关于孔子和儒家学说的讨论，也从未中断过，但这也是儒学的生命力所在。

和一般的文化学者不同，杨朝明的研究路径是从文献着手，考订文献真伪，进而深入文化内核，用他自己的话说，为孔子、为儒学"正本清源"。在这一点上，杨朝明深受老师李学勤的影响。1981年，杨朝明考入曲阜师范学院历史系，开始接触到有关孔子的历史、文化、古迹与典籍。

大学毕业后，杨朝明考取了本校硕士研究生，毕业后留校在《齐鲁学刊》编辑部工作，负责"历史学"和"孔子与儒学传统文化研究"专栏，对孔子与儒家学说有了更为深入的了解。

1996年，杨朝明开始跟随中国社会科学院历史研究所李学勤先生攻读博士学位。"我研究方向为历史文献学，先生为我确定了以'西周史'为中心的历史与文献研究重点。"杨朝明回忆，当时的研究中涉及很多学术界关心的问题，如商周时期的继承制度、《尚书·周书》诸篇的次第等，还有很多古籍（如《今本竹书纪年》）的真伪问题，都是古代文明研究中的热点和难点问题。

杨朝明从古代文献的重新梳理入手，将博士学位论文研究方向聚焦于影响孔子儒学形成的重要人物——周公。

"对于这一研究领域，李先生指出，'立新说是创见，破旧说也是创见。'"在老师的鼓励下，杨朝明冲破重重迷雾，细心参验相关资料，完成博士论文《周公事迹综考》。李学勤先生看后，给出了高度评价："对学术界长期关注的一系列问题，都提出了有创见的看法，论证详明，无牵强附会之病，尤属可贵。"

由此，杨朝明对儒学的研究进入新的阶段，开始致力于对早期儒家文献、出土简帛文献及儒家学术史的研究，并提出"正本清源"的研究理念。

"'正本清源'的目的是要达到充分的文化自知，有了文化自知才能实现文化自信，建立文化自觉，进而实现文化自强。"在杨朝明看来，要传承和弘扬优秀传统文化，首先要走近传统文化，了解传统文化，要说透彻传统文化形成的深度、高度，要弄明白"学术的中国"和"理论的中国"，讲清楚"历史的中国"与"现在的中国"。

◆ **千场讲座弘扬儒学与传统文化**

众多头衔之中，杨朝明最喜欢"老师"这个称号。"儒家思想作为传统文化中最深层次的哲学文化，蕴含着中华民族传统的价值观、是非观、荣辱观，是以孔子为代表的先圣先贤为后人留下的最丰厚的宝贵精神遗产。"杨朝明说，"老师"就是这一精神遗产的传承者、弘扬者。

1999年，杨朝明开始在曲阜师范大学招收硕士研究生，后来又先后成为该校的博士生导师和儒学学科负责人。如今，他的学生中也出了十几位博导、教授。

2010年，杨朝明担任孔子研究院院长。在研究院期间，杨朝明非常重视儒学研究与时代发展相结合。他以中国早期儒学、曲阜儒家碑刻文献、文庙释奠、传统文化的现代价值研究等为题，申请到国家社科基金、山东省社科基金重点项目。他还非常注重学术队伍的建设，对青年科研人员的培养不遗余力。

2022年，因为年龄原因杨朝明卸任孔子研究院院长一职。此后，他接受山东大学的邀请，担任该校儒学高等研究院特聘教授。

为了让孔子、儒学与中国传统文化能够更大范围地得到普及和传扬，杨朝明身体力行，尽自己所能鼓与呼。据不完全统计，杨朝明近年来先后为社会各界开设讲课、讲座超过1000场。

2023年全国两会期间，作为第十四届全国人大代表，杨朝明在"代表通道"上亮相，分享了自己在孔子故里从事中华传统文化研究的心得。

孔子研究院

"我们要从不同的角度、不同的方面，不断地去创新形式，让传统文化更好地展示在人们的面前，润物细无声地走进大众，特别是走进青少年，走进我们生活。"杨朝明说，这是他作为一个"老师"的心愿。

儒学是中华民族献给世界的一份伟大礼物

历史研究最重要的手段就是文献

记　者　中华文明五个突出特性具体到儒家文化是如何体现的？

杨朝明　因为儒家文化对中华文明产生了深刻影响，是中国传统文化的重要组成部分，儒家文化的特性自然也表现在中华文明的突出特性上。比如说，连续性。儒学的创立者是孔子，他的学说影响了他以后的数千年。但孔子也是吸收了他以前数千年的文化，进行总结、集成、发展和提升之后，形成了自己的学说。比如说，创新性。儒家经典《大学》中，解释"大学之道"为"苟日新，日日新，又日新"，所谓"日新"就是不断地创新、不断地发展。孔子也说"温故而知新"，皆在表明儒家文化对创新的追求。再比如，包容性。儒家学说的包容性体现在它所具有的开放性上。儒家思想是在不断地吸收各种思想成果、对世界不停地进行认识的过程中，一步一步走到今天的。

记　者　我们注意到，关于儒学典籍，不断有新文献出土，这对儒学研究有什么样的意义？

杨朝明 研究中国儒家文化和早期文明要想有突破，必须对出土的材料有了解和掌握。早期文献的发现，会打破很多原有成见。比如《孔子家语》的真伪问题，随着20世纪70年代以来，河北定州八角廊汉墓竹简、安徽阜阳双古堆汉墓简牍、上海博物馆藏战国楚竹书、英国藏敦煌写本等新文献的面世，直接给《孔子家语》研究带来新契机、新局面，学者也得以重新研究该书。

王国维先生曾提出"二重证据法"，就是把文献研究与考古研究结合起来，以地下的新材料补正、证明纸上的材料。历史研究最重要的手段就是文献。文献本身的真伪问题、成书年代问题、学派属性，等等，把这些问题弄明白了，才有可能去研究历史。如此，才可能有文化自知，才能形成文化自觉，之后才能树立文化自信、建立文化强国。近40年来，学术研究的重要进展与考古材料的发现，都要求我们要重新认识古代文明的发展水平，理解我国先民的深邃智慧和文化创造。

记　者 您一直强调对孔子和儒学的"正本清源"，我们究竟该如何去理解儒家传统？

杨朝明 儒家传统是中华文化中非常优秀的传统，当然在传承的过程中也出现了一些问题。比如大家熟悉的"三纲五常"。其中"三纲"本来是指天地法则，但是现在我们一提到就觉得很可怕，这就是对儒家传统的曲解。我以为，"纲"是什么呢？是引领。君为臣纲，讲的是为政以德，政者正也，这是君为臣纲的本意；父为子纲，是指父母对于子女的引领，养不教父之过；夫为妻纲，是说男人娶了妻子，就有义务去扶持，要有担当。

比如"君君，臣臣，父父，子子"，因为缺少具体语言环境，传统理解很容易让人认为孔子主张严格的等级制度，强调君权与父权。但事实上，我们认为孔子强调的是"正己"，就是每个人在不同位置做好自己的本职工作，使个人行为符合自己的身份。

"正本清源",就是对儒家学说的形成、特征以及我们应持的态度,做出客观的、尽量接近历史真实的估价,这就是我们要"救出孔夫子"的工作,也是我们研究者的使命。我认为对孔子遗说和儒学的研究应该注意以下几点:一是要将研究放在中国上古文化的大背景中进行。以前,人们对我国古代尤其是夏商周三代文明发展的水平估计不足,而大量的出土材料已经使原来不少朦胧、模糊的认识变得清晰、生动起来,为此项研究提供了极好的条件。二是要将孔子回归到他所处的时空中去研究。按照"知人论世"原则,让孔子真正回归到当时的文化背景之下,结合西周以来鲁国的礼乐传统,结合春秋时期鲁国的文化品格来探索孔子的心灵世界。三是既要克服疑古思潮造成的巨大束缚,也不要盲目信古,充分利用考古新发现将新出文献与传世文献认真比较综合分析,从而补偏救弊,不受既有观念束缚检核既往成果,做到言之有据,无征不信。

经典走向大众,需要有人解读

记　者　传承发展中华优秀传统文化应该把握什么原则?

杨朝明　中华优秀传统文化是我们最深厚的文化软实力。反过来,中华民族之所以生生不息、不断发展壮大,也是得益于这一深厚文化的滋养。因此,传承发展优秀传统文化一定要牢牢把握"坚持守正创新"的思想真谛。守正,就是要看清中华文化几千年的发展脉络,把握住儒家思想的精髓,找到中华文化的立足点。创新,就是把儒家思想的精髓和特质,以大众能接受的方式发扬光大。

记　者　儒家经典该如何走向大众呢?

杨朝明　儒家经典要真正地走向大众,还需要有人进行解读。这要求我们儒家学者的研究工作既要"登峰"也要"落地"。"登峰"就是要"正本清源"地去了解中华文化,"落地"就是要接地气,要做好儒家文化的传播者、实践者和推广者。

  2013年，在孔子研究院举行的座谈会上，习近平总书记强调，对历史文化特别是先人传承下来的道德规范，要坚持古为今用、推陈出新，有鉴别地加以对待，有扬弃地予以继承。这是对我们全体社科工作者提出的要求。这些年，我的主要工作就是两个方面，一个是学术上深层研究儒家经典的文本、流传等，一个是如何更好地去"落地"。

记　者　目前您正在开展哪些研究工作？

杨朝明　我正在研究中国历代的《儒林传》。从《史记》开始，历代正史中都设有《儒林传》，记录着儒学的盛衰、儒士的荣辱和儒学的师承源流。如果把正史中的《儒林传》串起来，就是一部官方的儒学史，可以一窥儒学的发展历程。这对我们今天如何传承儒学、发展儒学，应该会有一个很好的启示。

记　者　推动儒学的研究、普及，四川也做了不少工作。

杨朝明　不错。从历史看，后蜀广政元年开始的蜀刻石经，是我国古代唯一附有注文的石经，首次全部汇集儒家经典"十三经"，对当时儒学的传播起到了重要作用。2022年，四川大学编纂的《儒藏》也完成出版，这是迄今为止中国规模最大、收书最齐的大型儒学文献丛书，进一步促进了儒学的传承发展。这种跨越时空的连接，正是四川乃至中国文化繁荣的一个重要表现。另外，从汉代的扬雄开始，每一个时期四川都涌现了很多优秀的儒学学者。这些都为四川做好"两创"工作，积累了丰厚的历史文化资源。

发挥儒学在现代社会的积极作用

记　者　古代儒家思想是怎样在海外传播并产生影响的？

杨朝明　大约从汉代开始,儒家经典、儒学思想就走出国门,先后传入朝鲜半岛、日本以及东南亚诸国。17世纪开始,一些儒家经典如《论语》《大学》等,传到了欧洲。这一时期,欧洲的知识分子开始对东方文化产生兴趣,而儒家提倡的人文精神对欧洲的启蒙运动产生了重要影响。

记　者　儒学对当下全球治理具有哪些方面的价值?

杨朝明　儒学的天下观念对如何理解世界是一种非常好的思考。儒家认为,天下万物皆有其理,人类社会也应该依照这个理来组织和管理。

中国的先民认知世界,以天地为师,着眼古往今来,关注四方上下。在中华文化的早期典籍中,"天下""万方""四海"之辞层出不穷,这源于中华文明的天下观、世界观、整体观、系统论,在与世界互动中,他们深刻理解"天道成而必变""道弥益而身弥损"之类的道理,讲究注焉不满,酌焉不竭,素位而行,允执厥中。儒家文化从修身、齐家出发,从家庭里面培养爱和敬,再将这种伦理推演到社会,变成一种政治伦理和世界伦理。有一位英国作家说:"因为有孔子的学说,伟大的中华民族比世界上别的民族更和睦更和谐,共同生活了几千年。"这就是文化的力量。儒家文化的价值和意义是中国文化的特性所决定的。在世界经济重建中,中国文化应该去发挥更大的作用。

儒学是中华民族献给世界的一份伟大礼物。未来,我们需要更好地保护和传承儒家文化,发挥其在现代社会的积极作用。同时,我们也需要加强国与国之间的文化交流,互相学习、互相包容,就像费孝通先生所说的"各美其美,美人之美,美美与共,天下大同"。

(王国平)

07 文化传承发展百人谈

提 要

- 作为一个四川人、一个中国人，我们的关注与研究首先要从自己熟悉的家乡开始，逐渐向外延展，最后上升到国家的历史与文化层面

- 作为一名大学老师，向大众介绍考古情况、普及考古知识，本身就是我们的使命

- 考古热和博物馆热是当前社会发展、经济发展的一个必然结果

孙华　北京大学考古文博学院教授　北京大学文化遗产保护研究中心主任

人物简介

孙华，四川绵阳人，北京大学考古文博学院教授、北京大学文化遗产保护研究中心主任。主要研究方向为中国青铜时代考古，持续关注并参与中国西南地区考古，对三星堆遗址的诸多研究成果得到学界广泛认可。代表性研究成果有《四川盆地的青铜时代》《神秘的王国——对三星堆文明的初步理解和解释》等。

在考古中重新认识乡土与家国

伴随三星堆"再醒惊天下",孙华的行程格外忙碌。专访、直播、讲座……他在不同场合,通过不同的形式向大众介绍三星堆遗址祭祀区新一轮考古发掘的成果。

近日,孙华接受了四川日报全媒体"文化传承发展百人谈"大型人文融媒报道记者的专访。在孙华看来,考古为我们提供了一条从物质走进历史的道路,不同时期、不同区域的考古材料所呈现出的,由自身区域特色明显到逐渐走向文化统一的变化,更是"中华文明多元一体"的有力实证。

孙华出版的著作

◆ 走向考古

实物是认识历史的重要途径

20世纪50年代，中国青年出版社出版的苏联地质学家奥勃罗契夫的地理科普读物《研究自己的乡土》，曾在青年群体中风靡一时。在这本书中，奥勃罗契夫建议有志于人文、地理学研究的青年读者，起步要从探究自己的家乡开始，从一点一滴做起，然后逐渐走向外界，了解更大的世界。孙华在中学阶段也曾读过《研究自己的乡土》，在此后漫长的研究工作中，他始终铭记着奥勃罗契夫的建议。"作为一个四川人、一个中国人，我们的关注与研究首先要从自己熟悉的家乡开始，逐渐向外延展，最后上升到国家的历史与文化层面。因为我们的知识总是不断拓展的，我们应该从地方的历史掌故、名胜古迹切入或者开始对历史文化的学习。"

自此以后，孙华开始尝试参加一些与本地历史文化相关的田野调查。20世纪70年代，还在读中学时，他就利用假期报名参加了四川省博物馆（今四川博物院）组织的关于四川陶瓷史的田野调查。跟着调查组，他先后到成都琉璃场窑、邛崃邛窑、彭县（今彭州市）磁峰窑和广元瓷窑铺等窑址做调查。他第一次接触到以实物研究物质文化史的研究方法，也真正意识到实物是认识历史的重要途径。

1977年，孙华考入绵阳师范专科学校（今绵阳师范学院）中文系学习。每天除了和历代文学作品、语言文字打交道外，孙华最开心的事就是关注各地的考古新发现。利用课余时间，他曾对学校附近的汉代平阳府君阙做过测量，并发表相关文章。"大学毕业后，我被分配到绵阳地区文化馆从事文物工作，其间曾参与绵阳地区文物志的编写工作。在逐渐加深对家乡认识的同时，我开始觉得自己应该进一步深造，去接受系统的考古学训练。"

◆ **走向商周**

系统学习新石器商周考古

1984年，孙华如愿考入北京大学，跟随考古系教授邹衡系统学习新石器商周考古。

之所以选择这个方向，首先源于孙华在不断的历史阅读中，对先秦史产生的浓厚兴趣。尤其是商周时期，是中国从史前时期发展到历史时期的过渡阶段，也就是所谓"文明大备"的时期，很多思想制度、文化艺术都在这一时期开始形成。"由于这一时期有些阶段没有文字记载，或者只有很少的文字记载，这就需要通过实物、通过考古发掘的遗迹和遗物来观察与分析，是比较有趣的。"除了商周考古，故乡、乡土的概念也时刻萦绕在孙华心头。他始终关注着家乡四川乃至整个西南片区的考古发展。西南地区的区域考古，成为他的第二个研究方向。

1994年开始，孙华参加了长江三峡库区的文物抢救保护工程。经历了前期考古调查和发掘，从1997年工程动工后，开始从事抢救性的考古发掘，一直到2005年。在这8年间，他几乎每年都有一段时间驻扎在重庆市忠县从事考古发掘和资料整理工作。

2005年后，孙华除了研究中原地区的夏商周考古和三峡库区考古外，将研究重点转移到家乡所在的西南地区，包括四川、重庆、云南、贵州等地。时间范围也从西南地区青铜时代考古，延伸到汉晋墓葬、唐宋石窟寺、宋元山城、明清土司遗址等。"总体来说，我从事考古研究，主要是凭着兴趣和热情，从家乡绵阳向外延展到四川、西南，乃至整个国家。"

◆ **走向公众**

让考古成果被更多人理解

早在2009年，孙华就作为主讲嘉宾登上央视《百家讲坛》栏目，向全国观众介绍三星堆。"作为一名大学老师，向大众介绍考古情况、普及考古知识，本身就是我们的使命。"孙华表示，除向大家介绍考古，他也关注对考古研究成果的二次诠释。也就是说，用博物馆的语言，用普通观众能听懂的语言，介绍文物和历史。"当公众真正了解了考古工作，了解了考古发掘出土的文物和博物馆里文物所反映的历史文化后，他们的文化自信将自然而然得到增强。"

在我国考古文博教育领域，孙华所在的北京大学有着诸多开创性的探索和尝试：在国内高等院校中最早建立考古专业、最早成立考古学系、最早建立考古文博学院……孙华全程参与了北京大学考古文博学院的构建，尤其是文化遗产系的建设。"考古负责发掘研究我们的物质文化遗产，文物保护负责把这些文物保护好、永远传递下去，博物馆学则要把这些文物向公众进行展示，并且用不同的公众能看懂、听懂、理解的展示手段展示给公众。"

如何做好面向公众的考古成果转化？孙华一直在进行着尝试。

当湖南、湖北、贵州的土司遗址联合申报世界文化遗产时，他在媒体上进行了50期连载，向公众介绍贵州海龙屯遗址；当宋元山城遗址开始考古工作，同时也要启动申遗程序的时候，他又通过媒体向公众介绍钓鱼城。此外，元世祖平云南碑、西南传统村落等，也都曾是孙华书写的对象。"我始终坚持用明白晓畅的语言，让大家能了解我们文物考古工作者的工作。"

兽首铜鼎。春秋时期（前770—前476）器物，1974年安徽省六安市舒城县五里乡砖瓦厂出土（安徽博物院藏）

商朝时期的兽面纹觥，陕西汉中出土，作为盛酒器使用

关于三星堆，还有许多工作待完成

中心地区的青铜文化逐渐进入西南

记　者　您既研究中国青铜时代，又对包括四川在内的西南地区考古有着长期的关注。那么，从考古的角度看，青铜时代，也就是大致的夏商周时期，西南地区的考古发现呈现出哪些特点呢？

孙　华　我从事西南考古，主要的还是指青藏高原以外的西南片区，包括现在的云、贵、川、渝，还有广西的一小块。这一区域包括两个自然地理单元：一个是四川盆地，中间还夹着汉中盆地；另外一个是云贵高原。这两大区域和我们中原青铜文化的关系是不一样的。

中原青铜文化在夏商周时期就完成了黄河中下游地区的统一进程，以现在的洛阳、郑州、安阳和西安为中心。古代中国中心地区向西南地区的辐射，实际上有三个圈：第一个圈就是我们所说的中心地区，大概以秦岭为界；第二个圈就是我们四川盆地在内的这样一个区域，以龙门山、邛崃山、大凉山、大娄山、方斗山这样的高原山地前缘为界；第三个圈才是到了云贵高原的西南边缘地区。

在第一个圈里面，大概在夏代就统一了豫西晋南地区，商代完成了中原与山东地区的统一，商文化当时向西已经扩展到了关中地区的中西部地区。

第二个圈里的四川盆地，虽然很早就通过黄河上游地区、长江三峡地区接触了中原地区的文化，但文化的完全统一，要到秦并巴蜀以后，尤其是西汉政权建立以后，汉文化才完全取代了巴蜀文化，完成了文化的统一。

第三个圈要到西汉中期，汉文化进入了云贵高原地区，完成了云贵高原地区北部的统一。再往后，到了东汉早期，也就是汉明帝时期，随着哀牢内附，汉王朝的疆土和汉文化才扩展到了整个云贵高原地区，达到了今天的中缅边境甚至更远的地方。

记　者　在这三个圈逐渐触及广大的西南地区后，西南地区原先的文化与中原青铜文化是如何碰撞、融合的？从考古学来看，西南地区出土的青铜器向我们传递出怎样的信息？

孙　华　青铜是人类科学技术发展，尤其是以生产工具划分社会发展阶段的重要标志。青铜在中国不仅是生产工具，还被大量拿来铸造祭祀神（尤其是祖先神）的礼仪用品，也被用来铸造作战的兵器。所以，青铜非常好地体现了中国古代"国之大事，在祀与戎"的思想。

从西南地区来说，它不是青铜冶铸工业的发源地，但当它吸收了或者认知了青铜冶铸技术和艺术以后，它就有了自己的创造，在使用方式上也和中原地区有所不同。例如在器用的选择上，中原地区以装肉的鼎作为最重要的中心礼器，它在某种程度上作为国家的代表。像夏的九鼎，后来传到了商，最后又传到了周，成为国家的象征，改朝换代就称为"鼎革"。但在西南地区不是这样的，三星堆人就选择了中原的尊和罍作为他们的主要礼器。但是，随着统一大业的进行，到东周时期，蜀国、巴国也选择了鼎，把鼎作为礼器的重要组成部分。所以说，他们在器物的选择上，也可以看出，从只选择他们心仪的东西，到最后礼制习惯、宗教思想都逐渐纳入了大一统的范畴中。

我们把眼光再向西南地区看，越过四川看云贵高原。云贵高原接受青铜技术和艺术更晚一些，开始还主要是小件的青铜工具和武器，之后从不同的方向接触到了不同的青铜技术和艺术，从而形成自己的一套青铜器制作工艺。这种创造的最集中体现，就是储贝器。当地人把贝当做财富，要进行储存，储贝器的盖子上就有各种社会生活的场面，包括了祭祀、生产、战争，当然还有打猎。

　　青铜器上的各种社会生活场面，从物质形象的角度讲述了当时西南地区社会生活的不同方面。不过，随着统一事业的推进，中原文化的影响从巴蜀地区逐渐进入到云贵地区。到西汉中期以后，很多中原文化的因素，包括青铜器，都进入了云贵地区。

三星堆研究有待进一步精进

记　者　三星堆遗址祭祀区新一轮考古发掘，是近年来中国青铜时代考古中比较引人瞩目的一项。您是三星堆考古长期的参与者、研究者，您认为三星堆研究应该如何开展？

孙　华　从学术的角度讲，研究三星堆首先是要研究典型遗址、研究中心遗址，要对它纵向的年代问题、分期问题进行研究，然后研究遗址的布局问题。在年代分期问题得到解决的情况下，回答不同时期遗址有什么变化、是怎样发展的。之后才是走出三星堆遗址，去研究三星堆文化，这种文化的分布范围有多大、它的分布呈现一个什么特点、它和更早的宝墩文化和更晚的十二桥文化是怎样一个关系。再以后，我们才去研究三星堆文化和周边文化的关系，探讨它们的相互作用。

　　三星堆考古发掘之所以引发这么多关注，主要是由于它的埋藏坑。埋藏坑共有8个，一开始只发现2个。由于材料不全，就像瞎子摸象，摸到象鼻子、象腿就说它像水管、像柱子，有些结论可能是以偏概全、不准确的。只有当这8个坑都发掘出来，并且完成了器物的拼合复原，包括单个器物的复原、器物组合的复原、整个坑群的复原、神庙祭祀场所的复原后，我们才能对三星堆埋藏坑所蕴含的历史信息有一个正确的、全面的了解。

记　者　随着三星堆考古和研究的不断深入,您对三星堆的认识经历了怎样的一个发展过程?是不是有一些之前的认识被颠覆了?

孙　华　关于三星堆的认识,有一些认识在过去没问题,到现在看来也是没问题的。

例如三星堆遗址的分期问题。三星堆遗址有三个文化,分别是宝墩文化、三星堆文化、十二桥文化。其中,三星堆文化经历了前后两个阶段,前一个阶段可能主要是来自二里头文化的技术和艺术,后一个文化主要是来自商文化的技术和艺术。但是,在遗址年代和埋藏年代方面,以前的判断可能有一些失误。近些年,随着测年手段的发展,测年数据量的扩大,尤其是伴随着夏商周断代工程成果的公布,现在我们知道它的下限已经快到周灭商的年代了。

第二个得到证实的观点是,在这些神前面可能摆有一些组合铜器,作为供奉用器来沟通人和神。例如青铜神坛,下面两个兽和两个牵兽人、中层有4个人拿着树枝顶着一个方尊形的铜熏炉。我们说这是摆在神和人之间的器物的判断,现在得到了证实,并且又出了几个。

第三个方面,是基于人头像对三星堆两个族群的划分。两个族群一个带辫子,一个不带辫子,带辫子的很可能是当时的世俗统治者,不带辫子的很可能是当时的宗教统治者,一个是世俗贵族,一个是神权贵族。这个判断,现在看来仍然是正确的。

与此同时,新的考古发现也告诉我们,过去三星堆研究的有些判断需要修正。我过去认为三星堆的两个贵族集团是分权的,还没有形成绝对王权。新出土的文物可以证明,绝对王权已经形成。尽管在祭祀场所进行表演的都是不带辫子的神权贵族,但这些神权贵族是为带辫子的国王服务的。

第二个要修正的观点是,过去只出土了4个金面人头像,两个带辫子、两个不带辫子,当时我推测它们是不是和古代国王下面的4个大臣,或许和古代神话传说中的"四岳"有关系。但现在金面人头像不止4个了,那么,这个观点就要修正。

还有，关于三星堆人眼睛的认识。为什么神的眼睛是突出的，而人连眼珠子都不做出来？我当时怀疑神权贵族可能就没有眼珠子，是盲人。现在看来，这个有点武断，神权贵族里的确有盲人，但不都是盲人。

关于三星堆文化，也有一些观点要修正。

过去，我认为三星堆文化是很强大的一个文化，分布范围很广。后来，我们在整个成都平原、四川盆地找不到多少三星堆文化的遗址，这个时候，我对三星堆文化国家的结构就产生了新的认识。三星堆可能并不是一个成熟的国家，它没有形成金字塔结构的城市体系，仍然是不断派出军队去周边打猎、掠夺，是相对简单的早期国家。这和过去的认识有所不同。

当然，随着三星堆出土文物的不断修复、不断公布，随着三星堆遗址和四川盆地其他地方考古工作的进一步开展，我们的一些认识、一些观点还要进一步完善、修正。

记　者　关于下一步三星堆的研究，您有什么打算？您比较期待看到什么样的研究？

孙　华　关于三星堆下一阶段的研究，我想，第一是纠错。对过去我们犯的错误进行检视，通过检视推出正确的认识和得到认可的证据，这样才能向公众公布正确的认识，阐释考古学家都同意的观点，纠正过去的一些误说。

第二个是整合。我们考古工作就是不断地做复原、复原器物、复原遗址、复原文化，最后复原历史。随着考古工作的深入，我们应该对三星堆的来龙去脉、对三星堆与周围的关系、对整个古蜀文明的发展进程，有一个全面的系统的检视。

在这方面，我打算写4本书，现在只完成了两本：第一本是三星堆文化的形成，从营盘山到鱼凫村这么一个时间段，相当于是古蜀文明的曙光；第二本是三星堆文化的研究，这是研究的一个重点；第三本是以金沙为中心的十二桥文化；第四本是古蜀文明的高峰开明成都及巴蜀文化研究。这4本学术著作将形成一个体系，不仅有每个阶段的研究，还与前后、与周围关系、与历史传说进行比较研究。

第三个是精进。当二里头文化研究转入到夏文化研究的时候，它就成了一个历史的命题。同样，三星堆研究也要把它引入到古蜀历史研究中去，要从物质看到背后的人的活动，看到后面的社会、国家，还要把考古材料与历史传说相结合。由于目前为止三星堆没有发现文字，在缺乏绝对证据的情况下，怎么说它是属于某一个时代、某一个王朝？这个要想方设法罗列证据，要严密地进行排比，要做大量的工作。

从具体的工作来讲，我觉得下一步的考古发掘有3个方向值得注意：

第一是寻找三星堆人死后世界、寻找他们的墓地，探讨他们的埋葬习俗、丧葬习俗。我们很多考古学家从墓葬来研究当时的家庭关系、社会关系、政治关系等，三星堆遗址至今没有发现墓地，需要探讨。

第二是寻找三星堆青铜器的铸造作坊遗址。参考湖北盘龙城遗址通过抽样分析的方法确定作坊位置的案例，三星堆遗址也可以通过类似的工作方法或其他研究途径，确定铸造作坊的区域，然后再做考古发掘工作。

第三是对外围聚落的考古发掘。我们说三星堆是一个掠夺型的国家，但三星堆在外面还是有少量的聚落。对这些遗址也应该开展考古工作，否则我们始终在都城里打转，对都城外的情况不了解。全面认识三星堆，需要对它的疆土、外围的据点有所认识。

考古热、博物馆热都是文化繁荣的积极现象

记　者　近年来，公众对考古、对博物馆的热情都空前高涨。您如何看待这种考古热、博物馆热现象？

孙　华　考古热和博物馆热是当前社会发展、经济发展的一个必然结果。考古事业和博物馆事业，都是需要资金投入的。国家越发展，社会越发展，资金投入越多，考古文博事业就越兴旺。

另一方面，公众对考古发掘成果和博物馆展陈的理解，是随着社会教育水平的提高而提高的。在公众的普遍教育水平还没有达到去看博物馆的水平时，他们不会进博物馆看文物。随着文化水平的提高、教育水平的提高、经济水平的提高，他们自然就会去博物馆，自然就会关注博物馆。

当然，出版传媒的繁荣也起到了助推作用。我们过去只有少量的纸质媒体，记得20多年前我出"三星堆研究丛书"时，编辑还要把这个书弄得花花绿绿的，让它看起来不像是学术书，就是因为害怕卖不出去。可见，那时候出一本书是很难的。但是，我们的出版传媒事业在不断发展，再加上各种新媒体、新传播手段，使更多的人能便捷地获取考古和博物馆的信息。同时，在现今的学校教育中，也引入越来越多的考古和博物馆的内容，使得更多的公众，包括家长和孩子，喜欢进入博物馆，在博物馆接受课堂以外的教育。

铜跪坐人像（正面） 2021年四川省广汉市三星堆遗址出土

（成博）

08

文化传承发展百人谈

提 要

● 国家文化公园是一种中华文化标识,同时也是中华民族的重要象征,是中华民族精神的重要标志

● 把国家文化公园建设好,我们文化建设的系统性、整体性,我们的文化标识,我们民族的这种重大的文化符号、最重要的文化形象就出来了

● 长城、黄河、长江、大运河、长征这5个国家文化公园,纵横交错,从北到南,从东到西,横平、竖直、弯折钩,写出的就是中国的这个"国"字,每一画都光彩万里,每一画都写在血脉灵魂里,代表了我们这样一个历史悠久、灿烂辉煌的文化和民族

韩子勇　国家文化公园专家咨询委员会总协调人

人物简介

韩子勇，全国政协委员，国家文化公园专家咨询委员会总协调人、长城组协调人。主要从事文化、文艺研究，文学、艺术创作。历任中国艺术研究院院长，中国非物质文化遗产保护中心主任，中国工艺美术馆（中国非物质文化遗产馆）馆长，国家艺术基金管理中心主任等。文学理论专著《西部：偏远省份的文学写作》获第二届鲁迅文学奖。作为出品人、总策划、艺术总监、编剧的多部舞台剧及影视作品，获文华奖、中央宣传部精神文明建设"五个一工程"奖、国家舞台艺术精品工程奖、中国电视剧飞天奖等。

建设国家文化公园，在大地上读懂中华文明

在中国北方，从鸭绿江口到新疆，历经2000多年的长城，是世界上规模、体量最大的线性文化遗产。

在青藏高原，有黄河、长江共同的源头，千里江河龙腾虎跃，孕育出多元一体的中华文明。

在华夏大地的南北方向，大运河横跨黄河和长江流域，描绘出中华古典文明的农耕本色。

将视野转到东南和西北，这里贯穿着一条象征中国革命胜利的长征之路，赓续着代代相传的红色血脉。

"它们都是最重要的中华文化标识，是超级符号，如同中华民族的族徽、门楣、梁柱。"作为国家文化公园专家咨询委员会总协调人，韩子勇如此向记者描绘了他心中的长城、黄河、长江、大运河、长征。"它们贯通我们辽阔的疆域和历史，所走过的，是一个伟大文明的深沉足迹，每一步、每一笔都光耀万里，写出一个大大的'国'字。这个'国'字的每一笔，交织穿插、巧妙布局、命运与共，无法打散、拆解、分离，被牢牢焊在一起，如同中华建筑的榫卯结构，组成中华民族、中华文化的共同体。"

2017年1月，中共中央办公厅、国务院办公厅发布《关于实施中华优秀传统文化传承发展工程的意见》，首次提出规划建设一批国家文化公园。2019年12月，中共中央办公厅、国务院办公厅印发《长城、大运河、

长征国家文化公园建设方案》。此后,长城、黄河、长江、大运河、长征5个国家文化公园先后开始建设。

"国家文化公园建设,是新时代文化建设的战略性工作,是关乎文化强国建设和中华民族伟大复兴的重大文化工程。"韩子勇说,"我们一定要重视优秀历史文化传承发展,保护中华民族生生不息的根脉。"

◆ 主持筹备国家艺术基金

在文化领域,韩子勇一直在做一些具有开创意义的事情。"回头看,那些事情几乎都与文化传承发展有关。"熟悉韩子勇的很多朋友说,"他对文化有着天然的亲近感。"1962年,韩子勇在新疆出生。此后整整50年,他都在那里生活、工作。新疆地区粗犷的大地和交融的文化,给了韩子勇厚重的精神滋养。"新疆使我看到了中华文化内容之丰富、历史之悠久。"韩子勇说,"新疆拉大了我的文化尺度,特别是让我真切地感受到了中华文明的多元一体。"

在新疆期间,韩子勇长期在宣传文化部门工作。20世纪90年代后期,他指导、组织、策划、创作了一系列大型舞台艺术作品,还曾担任全国舞台艺术精品工程评委。一直为外界所称道的是,在文旅产业勃兴时,韩子勇受新疆阿勒泰地区行政公署所托,组织创作了歌舞剧《阿嘎加依》。这是新中国成立以来,首部将哈萨克族文化艺术搬上舞台的大型歌舞史诗。此后,韩子勇又深度参与新疆艺术中心项目的创意设计,该项目是目前新疆体量最大的单体公共文化类建筑,被称为新时期新疆建筑的典范之作。

2012年,50岁的韩子勇离开新疆,来到北京,担任中国对外文化集团党委书记、副董事长。2013年7月,韩子勇受命筹备国家艺术基金,担任国家艺术基金首任主任、法人代表。

国家艺术基金是一项新生事物,韩子勇将其称为"一项有挑战性、创新性的事业"。在原文化部和基金理事会的领导下,韩子勇主持了国家艺术基金的制度理念、资助结构、运行程序的设计、论证和运行管理。2013年12月30日，国家艺术基金正式成立。据统计，国家艺术基金设立10年来，资助艺术人才培训项目922项，培养各类艺术人才2.7万人次，资助优秀舞台艺术作品演出和美术作品展览项目1161项，演出展览地点遍及国内各个省（区、市），现场观演观展观众约1500万人次……在持续推进艺术事业繁荣的同时，推动优秀艺术作品在更大范围共享。

◆ 填补没有国家级非遗馆的空白

2018年5月，韩子勇被调往中国艺术研究院，主持工作。其间，他的一项重要任务，是作为项目法人代表，完成中国工艺美术馆、中国非物质文化遗产馆的工程建设和开馆运行工作，填补中国没有国家级非物质文化遗产场馆的空白。

中国工艺美术馆成立于1990年，2008年搬离原址后，一直处于有馆无舍的状态，业务基本停顿。

韩子勇回忆，2000年后，伴随着全球化进程和世界文化交流的深化，我国的民族民间文化传承保护利用事业进入非物质文化遗产保护、传承、弘扬的新阶段，中国是列入"人类非物质文化遗产代表作名录"项目最多的国家。因此，文化界的许多人大代表、政协委员提议建设一所包括工艺美术在内的非物质文化遗产馆。

为了统筹非物质文化遗产和工艺美术事业发展，原文化部向国务院上报了融合非物质文化遗产及工艺美术两种功能的集收藏、陈列、传播、研究为一体的场馆建设项目。2011年，经国务院批准，该项目由国家发展改革委批复同意立项，并列入国家"十三五"重点文化建设工程。

新的中国工艺美术馆选址在北京中轴线北延长线上，与中国共产党历史展览馆处于同一地块，相互呼应。韩子勇说，中国工艺美术馆与中国共产党历史展览馆的建设同步，建筑尺度和风格也相协调，两者构成一个整体景观。

2022年2月5日，中国工艺美术馆正式对公众开放。同时，经批准同意，加挂"中国非物质文化遗产馆"馆名。

"新冠疫情3年中，施工、建设诸多不便，能完成此建筑，殊为不易。"在韩子勇看来，中国工艺美术馆、中国非物质文化遗产馆，生逢其时，体现了新时代新征程的优越性，是文化建设的新收获，在全面建设社会主义现代化国家中承担着建设文化强国的使命。

"上下5000年，非物质文化遗产是中华文明生生不息、厚德载物的历史见证。"韩子勇说，中国已经建立了国家、省、市、县4级非物质文化遗产代表作保护名录。非遗的根脉、沃野在乡村，2023年，中国的城镇化率达到66.16%，在城市中，非物质文化遗产如何去呈现、推广，仍然是一项艰巨的任务。中国工艺美术馆、中国非物质文化遗产馆的建设为展示中国非物质文化遗产提供了国家级平台，推动了对非遗的传承和弘扬。

宜宾长江零公里处的长江地标广场

2023年全国两会期间，作为全国政协委员，韩子勇提出了"关于推动非物质文化遗产系统性保护 铸牢中华民族共同体意识的提案"。韩子勇说，时代生活推动着非遗的创造性转化与创新性发展，要高度重视非遗回归民众、回归生活，积极开展好非遗的生产化、生活化，使非遗"活"起来，见人、见物、见生活。

◆ 阐释好国家文化公园的时代价值

进入2020年，国家文化公园先后启动建设。2021年2月9日，国家文化公园专家咨询委员会秘书处正式挂牌，国家文化公园专家咨询委员会正式组建。

据介绍，专家咨询委员会主要为相关方面提供决策咨询、政策建议，研究建立国家文化公园学科体系、学术体系、话语体系，评议各地报审的国家文化公园建设保护规划及相关材料，积极推动国家文化公园及其建设工作的宣传介绍、说明展示，开拓性建设、引领性发展。

成立专家咨询委员会，是贯彻落实中央国家文化公园建设的重要举措，入选的委员涵盖历史、文化、旅游、文物、规划、艺术管理、科技、生态等领域的知名专家学者和专业管理人员。韩子勇担任国家文化公园专家咨询委员会总协调人，统筹委员会工作，凝聚专家智慧，组织委员积极建言献策。

在专家咨询委员会内部，设立长城、黄河、长江、大运河、长征5个专家组，每个小组有两个协调人，韩子勇同时担任长城组的协调人。

韩子勇说，国家文化公园建设对探索中国式文化遗产保护新模式具有重要意义，也对专家咨询委员会的工作提出更高要求。

成立以来，国家文化公园专家咨询委员会有两项非常重要的工作。

一是对国家层面的总规以及各省的规划进行评审。此外，涉及国家公园建设范围内的非遗保护、文物保护、旅游发展、博物馆建设等专项规划，各小组的专家也要参与论证和评审。

二是阐释好国家文化公园的时代价值。由韩子勇主编的《黄河、长城、大运河、长征论纲》一书于2021年出版，书中深入挖掘了黄河、长城、大运河、长征的文化精神内涵，以及保护传承这些文化精神资源在新时期的重大意义和价值，以期为国家文化公园的建设提供参照和借鉴。目前，该书正准备再版，将加入有关长江的内容。同时，韩子勇还身体力行，出镜拍摄了一组讲述国家文化公园的短视频，受到网友的好评。

"国家文化公园的机制是创新的，我们的工作也是创新的。"韩子勇说，近年来，他不断到各地调研、参加研讨会，就是要更深入地了解国家文化公园、推广国家文化公园、建好国家文化公园，为子孙后代守护好中华民族的历史根脉。

四川雅安石棉安顺场全国"初心"体验教育基地一角

赓续千年文脉　铸牢中华民族共同体意识

五大国家文化公园集中彰显了中华文明五个突出特性

记　者　什么是国家文化公园？我们为什么要设立国家文化公园？

韩子勇　国家文化公园是一种中华文化标识，同时也是中华民族的重要象征，是中华民族精神的重要标志。建设国家文化公园，是推动新时代文化繁荣发展的重大文化工程。习近平总书记在新时代文化建设方面的新思想、新观点、新论断，对我们在中华民族伟大复兴中如何凝聚文化力量、树立文化自信、促进文化繁荣，推动中华优秀传统文化传承发展，都有战略性的部署。概括来说，建设国家文化公园就是在打造中华民族共同的精神家园。

记　者　中华文明的五个突出特性在这五大国家文化公园中是如何体现的？

韩子勇　中华文明五个突出特性不是孤立的，是有深刻联系、内在逻辑的，它们起承转合、相生相继，形成整体叙述。五大国家文化公园所体现的主要价值，集中彰显了这五个突出特性。

例如长城，春秋战国时期开始兴建，是人类历史空间尺度最大、持续时间最长的一项历史文化遗产。在这样长的时间里，长城协调了农耕民族和游牧民族的生产生活。关于长城，我有一个比喻，它就像太极的阴阳线一样，负阴抱阳，冲气以为和，生生不息，是中华农耕文明和游牧文明的一条金光闪闪的焊缝，把中华农耕民族和游牧民族牢牢地焊在一起，推动了中华民族的融合。在抗日战争中，长城升华为中华民族牢不可破的象征，是中华民族抵御外侮、团结抗争的精神共相，也是国歌的核心意象。

黄河也一样，自古以来就是中华民族精神文化的象征。黄河不仅是中华民族的母亲河，是中华文化的发祥地，还具有强烈的时代价值。黄河边上、陕北高原，是中国革命的"落脚点"和"出发点"，中国共产党人在这里"领唱"《黄河大合唱》，中国革命在这里实现伟大的战略转折，写就百年党史的辉煌段落。

长江和黄河，像孪生姐妹一样，是中华文明基因链上的双螺旋，都发源于青藏高原，浩浩汤汤，一起孕育了人类历史上最大的农耕区域。长江、黄河为中华文明带来双重驱动机制，给中华文明上了双保险，能够确保我们文化的连续性。我们讲中华文明气韵悠长，这口"气"就是长江、黄河相互作用带来的，构成中华文明生生不息、历史演进中最重要的复调、和声。

大运河体现突出的创新性，可以说是人类古代社会治水、用水的最高典范，将中国传统的人工运河发挥到极致，是人类同类遗产中开凿时间最长、使用时间最长、里程最长的一条运河。大运河连接起长江与黄河，像一个巨大的秤砣，江河互济、平衡南北，维护中华一统，也称量出中华大国的辽阔和分量。

长征之路承载着长征精神，是中国革命的象征，从东南到西北，是中国共产党人率领人民突破重重围困、向死而生、凤凰涅槃的一条血线。

纵观长城、黄河、长江、大运河、长征五大国家文化公园，它们都是中华文明多元一体的象征，见证了中华多元文明相互交流、相互激荡，最终形成一体的过程，铸牢了中华民族共同体意识。把国家文化公园建设好，我们文化建设的系统性、整体性，我们的文化标识，我们民族的这种重大的文化符号、最重要的文化形象就出来了。

为世界贡献了一份中国经验

记　者　国家文化公园建设有哪些创新之举？

韩子勇　国家文化公园建设，创新了我国文化保护、传承、发展和繁荣的体制机制。过去，我们的文化工作，在体制上，是分级进行保护、建设和属地管理；在文化内容上，按文物、非遗、艺术、公共文化等分类进行管理；在属地上，按照行政区划形成国家、省、市、县一直到村的文化网。这一文化体制，对保障人民的文化权益，可以做到全覆盖。

但这一体制机制，也有明显缺点。我国幅员辽阔、民族众多，也就是常说的"广土巨族"。在这一背景下，这些中华文明的文脉，是横跨中国，超越一省一市的，这需要一种新的思路，在文化体制机制方面进行突破。

我们国家有一个制度优势，就是集中力量办大事，党的领导在文化建设中发挥了主导性推动作用。因此，国家把长城（涉及15个省份）、大运河（涉及8个省份）、长征（涉及15个省份）、黄河（涉及9个省份）、长江（涉及13个省份）等穿过许多省份的巨大文脉文象、精神特征、文化标识，连起来做大做强，以国家级文化公园的形式呈现出来。

长城、黄河、长江、大运河、长征这5个国家文化公园，纵横交错，从北到南，从东到西，横平、竖直、弯折钩，写出的就是中国的这个"国"字，每一画都光彩万里，每一画都写在血脉灵魂里，代表了我们这样一个历史悠久、灿烂辉煌的文化和民族。

我一直强调，在上下5000年的时间里，由这五大国家文化公园所代表的中华文脉，组成了我们精神文化上千变万化、牢不可破的"榫卯结构"。可以说，中国这种对文化遗产的保护方式为世界贡献了一份中国经验。

国家文化公园建设并不容易

记　者　在推进国家文化公园建设过程中，如何做到守正创新呢？

韩子勇　习近平总书记2019年在全国民族团结进步表彰大会中论述的"四个共同"，2021年在中央民族工作会议明确指出的"四个与共"，以及2023年在文化传承发展座谈会上强调的中华文明"五个突出特性"，为国家文化公园建设指引了方向。国家文化公园建设，是要靠一个一个项目、一件一件事情来具体推进的。选择什么样的项目，做什么样的活动，要从习近平总书记讲的"四个共同""四个与共""五个突出特性"上入手，从而把事情做得更准确、更有价值，更能从中提炼出中华民族现代文明。

四川阿坝藏族羌族自治州
松潘红军长征纪念碑

建设国家文化公园，是推动新时代文化繁荣发展的重大工程，对铸牢中华民族共同体意识、解决文化发展不平衡不充分问题、推动文化高质量发展、满足人民对美好生活的向往、实现文化强国目标，具有重大意义。

目前，中央层面针对5个国家文化公园已印发了相应的建设方案或建设保护规划，一些部门也出台了专项规划和方案，各省也有各自的建设规划。

国家文化公园建设与以往的文化工作不一样的地

方，在于它的综合性、系统性。国家文化公园区域内文物遗存密集、非物质文化遗产众多，需要对区域内文物资源、文化资源、自然资源进行有效整合。长城文化、黄河文化、长江文化、大运河文化、长征精神，是相连、相通、相容又各具特点、各有侧重的皇皇巨著，真正读懂并把握好并不容易。国家文化公园建设的具体实践更是千头万绪，需要国家文化公园沿线各省份同心协力、实事求是、尊重规律、因地制宜开展创造性工作，避免千篇一律，这样才能够把国家文化公园建设好。

四川要统筹建好国家文化公园

记　者　五大国家文化公园中，长江、黄河、长征都与四川有关。四川在这三大国家文化公园中占有什么样的位置？对四川推进这三大国家文化公园建设，您有什么建议？

韩子勇　长江和黄河一起被并称为中华民族的母亲河，在中华文明的起源、发展中发挥了极为重要的作用，是中华文明多元一体格局的标志性象征。地处长江、黄河上游，四川推进这两大国家文化公园建设，既承担着建设生态屏障的重任，更具有重大而深远的文化意义。

例如三星堆遗址，是长江上游重要的古代文明中心。2023年7月26日，习近平总书记视察三星堆博物馆时指出，三星堆遗址考古成果在世界上是叫得响的，为中华文明多元一体、古蜀文明与中原文明相互影响等提供了更为有力的考古实证。文物保护修复是一项长期任务，要加大国家支持力度，加强人才队伍建设。

总书记的话，不仅指出了三星堆乃至四川在长江文化中的重要意义，更是对四川如何建设长江国家文化公园提出了要求。长江造就了从巴山蜀水到江南水乡的千年文脉，在新时代仍然要焕发生生不息的奔腾之力。

长征国家文化公园涉及福建、江西、重庆、四川、贵州等15个省份。四川是红军长征经过地域最广、行程最远、时间最长的省份，也是长征途中召开会议最多、发生重要战役战斗最多、经历自然条件最恶劣的地区，不可移动长征文物数量居全国第一。四川在红军长征中具有不可替代的重要地位和作用，在建设长征国家文化公园中，四川也是主力军。我们也看到，四川在建好长征国家文化公园、讲好长征故事中，已经取得了不少成果。

在接下来的建设中，我觉得，四川要用好长江、黄河、长征的文化资源，将区域内的相关文化资源进行系统梳理，统筹保护，不要孤立、点状地去开展建设。例如，在赤水河流域，这里既是长江国家文化公园的一部分，也是长征四渡赤水的发生地，两个国家文化公园在这里交会，如果做好了，会产生更大的示范效应。

四川有着非常灿烂的历史文化，积淀很丰厚。不管是历史上，还是在当下，四川在中国西南地区都有着非常大的影响力。在国家文化公园建设中，四川的位置同样非常重要。在我看来，四川在建设国家文化公园的过程中，一定要做好阐述工作，一定要着重体现中华文明的统一性，这一点非常重要。

（王国平）

文化传承发展
百人谈

09

提 要

- 我们5000多年的中华文明是有血有肉的，除了源远流长的主干，还有丰富的细节，而且这些细节往往还决定成败和大方向

- 考古可以穿越时空，直接进入历史层面，唤醒对历史的记忆，寻根自己的传统，在当下尤其提供了强大的文化自信

- 在典籍之外，考古给了一系列重要的实证，让人们真真切切触摸到中华文明的血脉，这就是考古带来的最直观的一个变化和作用

王仁湘｜著名考古学家 中国社会科学院考古研究所研究员

人物简介

王仁湘，著名历史学家、考古学家，中国社会科学院考古研究所研究员，曾任中国社会科学院考古研究所边疆民族与宗教考古研究室主任。长期从事野外考古发掘工作，主持发掘了若干重要古代遗址。不仅对中国史前考古有较为全面的研究，对中国古代饮食文化、纹饰与符号等也钻研极深。多年来发表论文300多篇，出版专著70多部。

考古，让人们真真切切触摸到中华文明的血脉

考古的价值是什么？习近平总书记曾这样总结："经过几代考古人接续奋斗，我国考古工作取得了重大成就，延伸了历史轴线，增强了历史信度，丰富了历史内涵，活化了历史场景。"尤其是中华文明探源工程开展以来，考古人接续努力，已经用考古材料实证了5000多年中华文明真实可信。

王仁湘，中国社会科学院考古研究所研究员，中国万千考古人中的一员。数十年来，他辗转全国各地展开考古工作，在史前考古领域倾注心力之余，还将目光对准了一个个具体而微的历史细节——中国古代饮食文化、描绘镌刻于彩陶和玉器及青铜器上的纹饰与符号、古代的带钩带扣、三星堆青铜器群的象征意义等。当他将零散的考古材料和历史文献串联成线，或诉诸笔端，或娓娓道来时，那些冰冷的文物和尘封的历史，仿佛因此活了过来。

近日，王仁湘在成都接受了四川日报全媒体"文化传承发展百人谈"大型人文融媒报道记者的专访。他表示，考古的意义在于用翔实的材料以及学术研究，让历史更加血肉丰满，让人们从历史的点点滴滴中感悟到古人的智慧，汲取到文化自信的力量。

◆ 考古中国，追寻仰韶文化源头

2023年10月中旬，王仁湘亮相一年一度的天府书展，与书迷们一起分

享他的新书《三星堆：青铜铸成的神话》。谈三星堆，王仁湘信手拈来。因为他和文物工作的结缘，已经持续了近半个世纪。

20世纪70年代，王仁湘机缘巧合地参加了考古训练班，开始负责基层文物工作。1974年，四川大学到湖北招生，20多岁的他被对口推荐到四川大学考古专业就读。在童恩正等老师的带领下，他开始辗转四川、云南等地的考古工地实习；毕业后，进入中国社会科学院考古研究所；工作不到一年，考上著名考古学家石兴邦先生的研究生，从此开始了史前考古领域的钻研。

"其实在我内心深处，一开始并不太想学考古这个'回头看'的专业。"一度曾想转专业，但没有成功，只好沉下心来在考古上下功夫。王仁湘透露，大学本科时，他就在国家级学术期刊上发表过论文，为报考石兴邦先生的研究生，更是拿出万字学习心得，最终打动老师，成了老师的开门弟子。

仰韶文化代表文物彩陶

读研时，王仁湘每天花在看书学习上的时间就有十四五个小时。心无旁骛到何种程度？"有一次中午饭点到了，我拿着饭盒去食堂。结果，心中在想一个问题，居然走到半路就原路返回，以为自己已经吃过饭了……"

毕业后，王仁湘很快开始参加重要遗址的发掘工作。尤其在追寻仰韶文化源头的过程中，不断取得新突破。仰韶文化是中国分布地域最广的史前文化。追寻它的源流，堪称20世纪中国史前考古灿烂的篇章。幸运的是，王仁湘先后参与的两个考古项目，都被确认为前仰韶遗址。

"这么多年来，我做过的考古项目分布在包括西藏、云南、湖北、内蒙古、甘肃、青海等地的好多地方。"王仁湘透露，待他做了中国社会科学院考古研究所边疆民族与宗教考古研究室主任，更是要往全国各地的考古工地跑。看得多、积累深，不知不觉间开阔了视野，为他此后的学术研究打下了深厚基础。尤其在史前考古的彩陶研究、仰韶文化整体研究、史前社会研究、史前信仰研究、史前器具研究等领域，成果丰硕。

◆ 深耕四川，发现中子铺遗址

20世纪80年代末，王仁湘出任中国社会科学院考古研究所四川工作队队长。在长达约10年的时间里，他带着一柄手铲，遍访四川的山山水水。

王仁湘在四川工作时，恰逢三峡水利工程建设启动，工程淹没区要提前完成文物勘探、发掘以及文物保护规划、重点文物搬迁等相关工作。当时的重庆还属于四川，王仁湘带领工作队的同事全身心扑到相关工作中。在三峡库区的文物保护工作结束后，专家一致认为，在这场与时间的赛跑中，包括张飞庙、涪陵白鹤梁题刻等135米水位下纳入国家规划的文物保护点，都已经得到了妥善保护。尤其是三峡库区的考古成果，在中华文明黄河流域中心论的背景下，用大量出土材料证明了中华文明起源过程中长江流域的重要性。

在三峡库区考古发掘及文物保护相关工作外，王仁湘和同事在广元中子铺遗址的考古也传出喜讯。这座距今6800年至6000年左右的遗址，发现了以细石器为代表的遗物上万件，证明了秦岭黄河以南的长江流域，也存在细石器遗存。

一直以来，细石器文化往往被学术界认为是北方草原特有的游牧文化。学术界推测，它的出现与游牧民族狩猎以及加工皮毛制品有关。那么，为何细石器会出现在秦岭黄河以南呢？

王仁湘说，广元中子铺遗址位于朝天区的一个小山丘上。这是一处细石器的作坊遗址，先民们就地取材，利用山上的燧石等坚硬材料，制作了细石核、细石叶、尖状器、钝刃圆刮器、刮削器及不同类型的石片等石器。"中子铺遗址发现以后，我也感到十分惊讶。现在想起来，无非是那时我们的工作做得不充分，没有发现类似的例子而已。"

关于中国细石器的起源，王仁湘的老师石兴邦曾专门做过研究。他曾在山西沁水县下川遗址发现了非常丰富的细石器。这处遗址的年代距今约两万年，与沙漠戈壁草原毫无关系。王仁湘表示："这个发现或许可以推测细石器的起源地可能在更南面一点，例如太行山一带，然后再由此向外扩散。至于中子铺的细石器，肯定和外面传来的技术有关，只不过路线尚不明确。但是，在秦岭黄河以南发现细石器遗址，再次说明细石器的用途并不单一，除了用于狩猎活动，可能还与采集农业有关。"

除了距今六七千年的中子铺遗址，四川近年来还发现了以稻城皮洛遗址等为代表的大量旧石器遗址。这在王仁湘看来，"可以说明四川早在十多万年前甚至更早就有人类在此活动，中子铺的先民应该就是土著之一。"

尤其值得一提的是，中子铺遗址发现有烧火的遗迹，推测可能与举行某种仪式有关。"中子铺出土的细石器，使用了我认为是当时高科技的'边脊技术'，但他们可能还觉得应该借助神力来让它更加锋利。如果从这个角度理解，那后来的三星堆祭祀，或许可以追溯到一个更加久远的传统。"

◆ **研究广博，发现历史生动的切面**

自约专注，不拒广博。长达数十年在考古领域的深耕，王仁湘厚积薄发，融会贯通，不仅发表论文300多篇，相关专著也出版了70多部。高产的背后，有何秘诀？"其实，也就是珍惜光阴，在发现感兴趣的问题后，穷追猛打，钻研透彻，最后水到渠成。"

王仁湘自认为发力最多的还是史前考古领域，但他出版的专著可谓涉猎广泛，其中就专门针对中国古代的带钩文化出版过专著。"针对这个小众领域进行研究，不过是因为在工作中关注到了工具技术的发展，并从中偶然发现了带钩，觉得还比较有趣，因此想到了要去讲它的发展脉络。"这些年来，王仁湘几乎把工作当成了生活的全部，也因此老是受到家人批评。但他经常自我解嘲："将别人抽烟饮酒聊天闲游的时间，用来关注一些引起我兴趣的小目标，总无大碍。"

全身心投入工作的成果有目共睹。在中国文物学会和中国文物报社主办的2022年度全国文化遗产十佳图书推介活动中，王仁湘的著作《束带矜庄：古代带钩与带扣》被评为2022年度全国文化遗产优秀图书。由中共

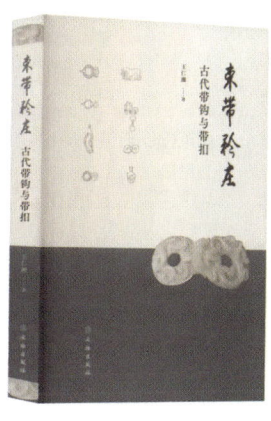
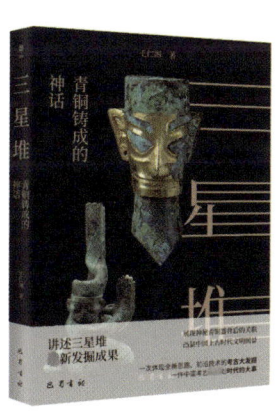
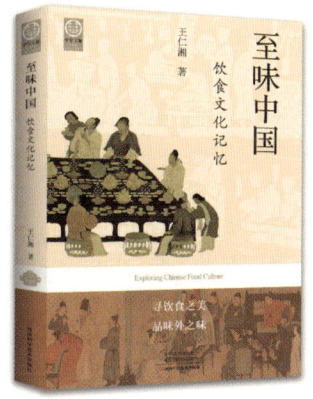

王仁湘出版的著作

中央宣传部指导、中国图书评论学会主办的2022年度"中国好书"评选中,王仁湘的《至味中国:饮食文化记忆》被评为人文社科类的"中国好书"。

在三星堆祭祀区新一轮考古发掘持续公布成果后,王仁湘也将关注的目光对准了三星堆。2023年天府书展上推出的《三星堆:青铜铸成的神话》,是他近年对三星堆研究成果的集大成。关于古代文物上的动物纹饰研究三卷本等新作,也将陆续推出。王仁湘笑称:"人这一辈子不能白过,还得做点事儿。现在看来,我没有虚度光阴,还算可以自我安慰。"

艺术是信仰飘扬的旗帜

符号纹饰里,古人的智慧超越想象

记　者　说到考古或相关的研究,公众或许往往只关心有哪些重大发现、出土了什么精美文物,例如夏都究竟在哪里、三星堆究竟有无文字等。您的学术研究往往从小切口出发,针对看似无关紧要的细节进行研究,这是基于什么考量?

王仁湘　在论文之外,我的专著还真有一个特点,就是我的研究和观察的角度,可能更关注具体而微的一些细节,例如古代文物的纹饰或符号。我有这样一个看法:我们5000多年的中华文明是有血有肉的，除了源远流长的主干，还有丰富的细节，而且这些细节往往还决定成败和大方向。但是，在学术研究中，这些细节往往被忽略。所以，我选择了在大家来不及关注的这些领域进行探索，这是一个很有意思的过程。

例如彩陶上的各种纹饰，大家往往只把它们当成艺术来看。但在我看来，这些纹饰是史前古人信仰的一种表现。我有一句话，"艺术是信仰飘扬的旗帜"，就是对彩陶纹饰意义的看法。事实上，史前古人有3次造神运动：一次是在白陶上，一次是在彩陶上，另一次就是在玉器上。他们在这些器物上刻绘下各种纹饰，主要目的是表达信仰与崇拜。

对彩陶纹饰的解读，我有一个新发现，那就是发现史前彩陶纹饰有阴和阳两种表达方式，颠覆了以前学术界对彩陶纹饰的解读。

中国彩陶有关地纹的题材，花瓣纹和旋纹是最典型的两种地纹。那么，旋纹的意义何在？我认为，它表现的是一种运动，运动的主体就是古代先民想象中天体运动的样子，和此后我们在成都金沙遗址发现的太阳神鸟金箔镂空部分太阳的光芒异曲同工。

实际上，在《春秋纬》等早期文献中，古人已经观察总结出"天左旋、地右动"的观点。所以，这些6000多年前的彩陶图案，可能隐藏着中国新石器时代一个共有的认知体系，或许就是他们原始的宇宙观体系。这种认知体系在完成起源后，还迅速向周围传播，几乎覆盖了中国史前文化较为发达的全部地区。

这种扩散和传播，也恰好反映了整个中华民族的信仰认同。就像彩陶上的旋纹，原本是以仰韶庙底沟文化为核心的一个文化，但它可以东传到山东的大汶口、南到湖北大溪、北到内蒙古红山、西到甘肃青海马家窑，还传播到云南和缅甸的边境甚至越南古文化中。这不单单是一种艺术形式的传播，更是一种认知体系的传播。

总之，对古代纹饰的研究，可以让我们直观感受到古人的认知水平远远超出今天的想象。

三星堆用青铜铸成一个神话世界

记　者　您一直对三星堆保持浓厚兴趣，并且出版了《三星堆：青铜铸成的神话》一书。在您看来，三星堆的先民用青铜铸造了一个怎样的神话世界？

王仁湘　在我看来，三星堆先民用青铜铸造的那些神坛、神树、面具等，就是他们造就的一个立体神话。既气势磅礴，又机巧精致；既庄严肃穆，又神秘诡异。再现了四川先民独特的生存意象与奇幻瑰丽的心灵世界，体现出古蜀人非凡的艺术想象力与惊人的创造力。以前，我们的神话往往都是文本叙述，需要人们去穷尽想象；三星堆直接把他们想象的神界用青铜铸了出来，让你看得见、触得着。这样的艺术品会直达你的心灵深处，也因此充满了强大的艺术感染力。这也是三星堆和中原文化一个明显的区别：它使用了中原文化中青铜器的一些器型和纹饰，但又充满了自己的创造力。在这样的一个立体神界里，有古蜀人崇拜的神灵，例如在天有太阳神和太阳鸟，在地有地祇，还有连接天地的天梯神树等，当然还有祖先神，国王们无一例外都是传说中神灵的化身。他们生活在自己营造的神界里，感觉与神同在、与神同悲欢。

记　者　三星堆近年出土的多件造型奇诡繁复的大件文物，您认为它们分别指代的是什么？

王仁湘　我认为，不管是研究性复原后的青铜鸟足神像、青铜骑兽顶尊人像，还是青铜神坛，本质上应该都是太阳神坛，表现的是一种太阳崇拜或祭祀。8号坑出土的青铜神坛底座上，东南西北各坐了一小人，露出獠牙，应该就是太阳神；此外，在青铜鸟足神像中，倒立在青铜罍上的神像也是獠牙神面，我认为这同样刻画的是太阳神。

以獠牙神面象征太阳神并非三星堆独有。湖南高庙文化的白陶上就有带獠牙的神面，在约8000年前辽河流域的兴隆洼文化也有发现。到了良渚文化时期，一些玉佩、玉琮上所刻的神面也龇出了獠牙。在太阳与獠牙之间，我们很难找到直接联系，但出于对光线的联想，将日光提炼为獠牙之形，似乎就并不难理解了。古蜀为何要崇拜太阳？其实，太阳崇拜并不奇怪，世界上很多地方都有。但太阳崇拜为何在三星堆和金沙好像特别强烈？是不是因为在这里崇拜太阳的理由更充分一些？因为四川盆地很难见到太阳，所以他们对太阳的希望更加强烈。

这其实也可以提出一个思路：在文字统一之前，符号作为前文明时代的一个载体，也有一个传播认同的过程。以獠牙寓神在一个广阔的时空里出现，可能也意味着这种信仰和崇拜被这些不同时代、不同区域的文化认同。

记　者　您曾专门提到三星堆青铜器上出现连珠纹，这种纹饰难道不是后世主要出现在丝绸上的一种图案吗？

网纹圆点纹彩陶壶，马家窑类型
（距今 5000—4700 年）

弦线网纹彩陶瓶，马家窑类型
（距今 5000—4700 年）

王仁湘 在三星堆出土文物中，我的确关注到了连珠纹。那件著名的"奇奇怪怪的文物"（青铜神坛）周边，刻画的一圈就是。在2号坑20世纪80年代出土的青铜神坛座上，神兽嘴部也刻有连珠纹。在我们传统的认知里，的确认为连珠纹在汉唐时期是从波斯传入的，主要出现在丝绸上。当然，丝绸的连珠纹可能当时的确也曾从西域传到了中国，但类似的图案，中国显然出现得更早。

在三星堆发现连珠纹后，我对此进行了更多梳理。现在可以肯定的是，连珠纹的出现可以追溯到8000年前湖南高庙文化的白陶，白陶上出现的太阳图像采用了连珠纹一样的构图：中间是太阳，周围的连珠就是太阳的光芒。在后来马家窑文化的彩陶上，同样发现了圆环式连珠纹。从白陶到彩陶、再到青铜器，都出现同样的连珠纹，让我们有理由推测它们之间可能具有源流发展关系，甚至还相信它们的含义都是相同的，就是以连珠纹象征太阳。所以，图案里的学问还比较深。

记　者 三星堆备受公众关注，如果与三星堆同一时期的其他文明相比，它算不算发达？后来又为何衰落？如今准备申遗还需哪些准备？

王仁湘 我个人认为，三星堆应该还算当时比较发达的区域文明。但任何一个文化形态，即使很发达也会经历由盛到衰的过程，三星堆可能也经历了这个过程，最终被其他的文化取代。如今，大家在关注三星堆宝藏般的出土文物外，也关心它能不能申遗成功。在我看来，现在三星堆的确还有些学术问题没有解决，例如没找到王陵、青铜原料的来源在哪里等。但考古工作永无止境，现有的发现已经足够支持申遗，三星堆缺的只是机会，我们只需等待。

中国饮食文化隐藏着独特内涵

记　者 您曾专门针对中国古代的饮食文化进行过研究，为何会关注这个领域，都有哪些收获？

王仁湘　研究古代饮食文化也是一个水到渠成的过程。在中国多年来的考古中，我们不断出土筷子、勺子、叉子等食具，后来还发现了食物。所以，从20世纪80年代开始，我渐渐进入饮食考古领域。最初是研究古人进食的工具，后来扩展到食物、烹调方法、进食的礼俗等。20世纪90年代初，我的《饮食与中国文化》一书在人民出版社首版，到2022年已经第五次再版。除了中国读者感兴趣，日本和韩国的出版社也曾专门引进。这个角度，也算能拉近考古与大众的距离，毕竟中国人以食为天。那么，我们中国人的这些进食工具，都分别发明于哪个时代呢？像勺子的使用，至少可以追溯到七八千年前。浙江河姆渡遗址曾出土过象牙勺，做得十分精美；辽河流域的兴隆洼文化，也发现了大量骨头勺；山东大汶口文化，则发现了贝壳做的勺子。最早的金勺子，是在湖北随州的曾侯乙墓里出土的，这个勺子是个漏勺，应该不是喝汤使用，而是捞羹汤里头的肉。

筷子出现的最早年代现在还不清楚，但文献记载至少商代就有。考古上发现的最早铜筷应该是在春秋时期，在云南的一座铜棺里就发现有一双筷子。另外，在很多汉代画像砖上，也可以看到筷子图像。

叉子的出现，估计在4000年前。西北地区出土了较多这一时期的骨制三齿状餐叉，与现在西餐用的餐叉形状接近。而且，这种餐叉出土时与勺子、骨刀是配套的。叉子直到元代的遗址还有发现，应该与进食肉类有关。只是后来中餐烹饪在前端将食物进行了加工，所以叉子渐渐退出了中国人的餐具之列。

记　者　这是非常有趣的一些研究，它们具有当代价值吗？

王仁湘　这些年，网上常常有一种说法，认为中国人使用筷子不如使用刀叉有仪式感，或者说中国人不会用刀叉进食。其实，通过考古，我们就可以发现，中国古代的先民早在几千年前就发明了勺子、叉子等进食工具，只是因为烹饪精细化，餐刀的功能局限在厨房使用，餐桌上就渐渐淘汰掉了餐叉这种食具。

还有，分餐制和合食制哪个更卫生的比较。中国4000多年前就实行分餐制，一人一个食案。只是后来包括椅子等家具传入，大约从唐代开始，人们开始围着桌子吃饭，并一直延续到现在。现在重提的分餐制，并非在向西方学习，不过是在捡起老传统。从某种程度来说，这也算是从古代饮食文化中找到文化自信。

记　者　您如何看待考古的价值？

王仁湘　考古可以穿越时空，直接进入历史层面，唤醒对历史的记忆，寻根自己的传统，在当下尤其提供了强大的文化自信。过去有一种历史虚无论，我们认识不到中华文明的历史发展进程，也不知道有怎样的文化底蕴。如今，在典籍之外，考古给了一系列重要的实证，让人们真真切切触摸到中华文明的血脉，这就是考古带来的最直观的一个变化和作用。

（吴晓铃）

文化传承发展
百人谈

_____ 10

提　要

- 作为一个文学博物馆，首要的一个功能就是持续地去收集中国现当代文学的历史资料，保存起来，加以整理研究，然后传诸后世

- 希望文学馆可以充分发挥它的文化功能，让更多的人走进来，打破它的物理空间

- 中国现代文学馆不仅是一个文学的博物馆、展览馆，还是重要的学术研究中心

- 新时代文学承担着建设中华民族现代文明的新使命，有着无限的可能性和广阔的发展空间。而青年是文学发展的生力军，代表着文学的未来

李敬泽

中国作协副主席
中国现代文学馆馆长

人物简介

李敬泽，1964年出生，祖籍山西芮城县。1984年毕业于北京大学中文系，现为第十四届全国人大常委会委员、中国作家协会副主席、中国现代文学馆馆长。著有《颜色的名字》《纸现场》《河边的日子》《小春秋》《致理想读者》《青鸟故事集》《咏而归》《上河记》《会议室与山丘》《跑步集》等专著和文集。曾获2000年度中华文学基金会冯牧文学奖青年批评家奖、2004年华语文学传媒大奖年度文学评论家奖、第四届鲁迅文学奖文学理论评论奖等。

无穷的远方，无数的人们，都与文学有关

中国现代文学馆位于北京市朝阳区文学馆路45号。这里是世界上最大的文学博物馆，占地46亩，一组园林式的现代建筑群内，绿树成荫，掩映着鲁迅、老舍、郭沫若等13位大师的雕像，穿行其间，有风吹过，似书页翻卷，又似经典声声在耳……

如今，中国作协副主席、文学评论家李敬泽担任中国现代文学馆馆长。正如筹建人巴金先生所言："我们的新文学是散播火种的文学，我从它得到温暖，也把火传给别人。"李敬泽作为新时代新征程中的文学馆掌门人，正在用新思维、新格局、新作为，让文学和中华优秀传统文化焕发新的活力和生机。

2023年9月14日，北京。在中国现代文学馆内，李敬泽接受了四川日报全媒体"文化传承发展百人谈"大型人文融媒报道记者的专访。彼时，中国现代文学馆馆藏革命文物特展——"坐标"正在展出。2023年是抗美援朝战争胜利70周年，中国现代文学馆亮出了233件珍贵的革命文物，以作家的独特视角和真实经历向观众重现那段刻骨铭心的历史。李敬泽说："展览定名为'坐标'，必然要从精神层面为我们指引前行的方向。弘扬伟大抗美援朝精神，不仅要讲好英雄故事，更要展现英雄是怎样被书写、被记忆的。"

◆ 让中华优秀传统文化"活"起来的践行者

在这之前,中国现代文学馆的革命文物馆藏,就曾在中国国家版本馆震撼亮相。

"以'三红一创'('三红'指的是:吴强的《红日》,罗广斌、杨益言的《红岩》,梁斌的《红旗谱》;'一创'指的是柳青的《创业史》)、'青山保林'('青'指的是杨沫的《青春之歌》,'山'指的是周立波的《山乡巨变》,'保'指的是杜鹏程的《保卫延安》,'林'指的是曲波的《林海雪原》)为代表的红色著作,是百年来中国作家记录、书写中国历史伟大进程的经典之作,这些,大部分都在我们这里。所以,这个院子,这个馆,是一座宝藏,丰富浩瀚。"在李敬泽看来,作为一个文学博物馆,首要的一个功能就是持续地去收集中国现当代文学的历史资料,保存起来,加以整理研究,然后传诸后世。"更重要的,它是一座文学殿堂,需要向所有人的生活和心灵开放,将记忆、审美、知识和梦想带给所有人,让美好的生活更加辽阔。"如何依托这样一个巨大的宝藏,面向社会、面向公众开展深入人心的公共服务,一直是李敬泽思考的重点。"我们馆里的宝贝越多,我们越不能关起门来,要让这些收藏真正变成当代文化生活中一个活跃的力量。"

"活!是三点水的'活',先活起来,再火起来。"说这话时,李敬泽仰望着墙壁上高悬的历代馆长照片,那里有杨犁、李準、舒乙……还有伟大的创办人,巴金先生。"他们对中国现代文学馆的发展起到了非常重要的作用,经过他们的建设,才有了现在这座宝藏博物馆。那么,我们后来人应该怎么做?"李敬泽直言,他希望文学馆可以充分发挥它的文化功能,让更多的人走进来,打破它的物理空间。李敬泽提到了法国学者安德烈·马尔罗,"早在20世纪50年代,他就提出了'无墙的博物馆'概念,强调博物馆与受众之间物理距离与心理距离的消弭。近几年来,我们始终在这方面努力探索。"

"'坐标'展出了从魏巍的散文《谁是最可爱的人》到巴金的小说《团圆》及改编电影《英雄儿女》，从陆柱国的小说《上甘岭》到林杉的电影剧本《上甘岭》，从李蕤在朝鲜的家书、日记到黄谷柳的战地摄影……开展不到两个月，观展人数已经创下了文学馆开馆的新高。"李敬泽说，作家们奔赴朝鲜前线，见证历史，记录历史。他们在朝鲜前线的工作和生活，成为新中国文学史上的重要篇章。"人们走进来，重温这个记忆。什么叫文化？什么叫精神？一定程度上，文化和精神是一个记忆机制，如果一个文化里没有记忆，这个文化将荡然无存。所以，一代一代人最珍贵的记忆被传下来，又构成后来人新的记忆，就有了传承。"李敬泽说，他并不满足于人们来看看，感叹一下就完了。他更看重的是，重新唱响的《英雄儿女》、课本里《谁是最可爱的人》的手稿、巴金先生被复原的书房……能在文学馆这个特定的物理空间，带给人们全新的感受和震撼，从而产生心灵和精神上的交流。

《文学馆之夜》是李敬泽和中国现代文学馆于2023年初推出的一档人文漫谈节目。节目中有这样一个画面，李敬泽将手合在了巴金的手模印上，推开了文学馆的大门……邀请作家梁晓声、刘震云、李洱、韩松，还有学者戴锦华、导演贾樟柯、科学家刘颖等走进文学馆，"让我们谈论与文学有关的一切。"文学馆这个物理空间，变成了一个具有开放性的对话空间，李敬泽与嘉宾们通过谈论文学，凝视和思考今天的生活。

"《文学馆之夜》真是在夜里录的，大部分节目都是我在上完班后下午五六点时到现代文学馆录制，录完天就黑了，满天星斗。"李敬泽说，在这样的夜晚，从文学出发，从汇聚着中国人记忆和情感的中国现代文学馆出发，用一种新的形式再次向大千世界敞开，让中国现代文学馆更有力、更充分地进入公众的视野。所以，节目中除了能感受到用崭新的思维打开文学的边界呈现文学的魅力，还能真真切切地看到文学馆弥足珍贵的藏品：比如陈列在节目现场的书籍、照片、文具等，都是从现代文学馆90多万件藏品中精心挑选出来的，其中包括萧军先生收藏的鲁迅像、朱自清使用过的皮箱、曹禺先生用过的镇纸……它们穿越岁月的长河，历经时代风雨，闪耀着中华优秀传统文化博大精深的智慧光芒。"无穷的远方，无数的人们，星空下的大千世界，人类的生活，其实这一切，都与文学有关。"李敬泽感慨。

◆ 助力新生力量茁壮成长的"青年作家伯乐"

"中国现代文学馆不仅是一个文学的博物馆、展览馆，还是重要的学术研究中心。我们通过设立客座研究员制度、颁发唐弢青年文学研究奖等，将学术平台充分向青年学者、高校学子敞开，促进新生力量茁壮成长。"李敬泽认为，新时代文学承担着建设中华民族现代文明的新使命，有着无限的可能性和广阔的发展空间。而青年是文学发展的生力军，代表着文学的未来。

近年来，中国现代文学馆一直探索为青年学术力量开辟新天地。李敬泽提到的客座研究员制度，已经持续了11年10届，遴选出了100位客座研究员，几乎包括了当下所有活跃的青年批评家。李敬泽表示当初设立这个客座研究员制度，"主要的考虑就是要凝聚、支持各方面的青年才俊，尤其是青年学者，激发他们积极介入当代文学的现场，让他们成为推动当代文学发展的主动性力量，成为批评家队伍的生力军。我们可以满怀信心地说我们当初的设想已经成功实现。我们当初曾经期待着这样一支队伍，现在我们已经有了这样的一支队伍。对于踏上新时代新征程的中国文学批评来说，引导创作，多出精品，提高审美，引领风尚，这是我们的重要责任和光荣使命。新时代文学的发展离不开新时代理论、评论的繁荣和发展，所以这也意味着我们这一代批评家，我们现在的中青年批评家是肩负着沉甸甸的责任和期待的。"

此外，在中国现代文学馆主办的学术期刊《中国现代文学研究丛刊》上，从2021年度起，论文奖中设立博士生奖的分项；从2022年度起，丛刊增设"新作研究奖"。做这样的"加法",正是希望有才华的年轻人能够脱颖而出。"我们相信,在新时代,宏大的历史运动、丰盛的当下经验、奔涌着的现象和文本,既构成了巨大的认识和阐释难度,又敞开了理论与批评的广阔空间,学术应该成为当代文学生成过程中的主动性力量。"李敬泽说,显然,博士生等青年学者正是这股力量不可或缺的组成部分。同样,唐弢青年文学研究奖的设立也是为了推动现代文学研究,并重点对青年学者给予肯定和鼓励。

抛开中国现代文学馆馆长这个身份,李敬泽在文学界还有个公认的头衔——青年作家伯乐。坊间一直流传着一个老段子,文学青年进京必做的三件事:登长城、吃烤鸭、见敬泽。20世纪90年代,李敬泽在《人民文学》杂志社做文学编辑,每天都要阅读一堆稿件,目的是筛选质量高的稿子和发现好的作家苗子。他曾经发掘了一批中国当代优秀的青年作家,阿乙、李娟等都因为李敬泽的评荐逐渐成长为中国文坛的生力军。"我们期待青年作者和青年学生们胸怀'国之大者',将自己的艺术理想融入中华民族伟大复兴的壮丽事业,以饱满的热情自觉深入生活,扎根人民,勇于创新,开辟更为宽广的文学道路。"

◆ **回归中华优秀传统文化的"元写作者"**

作为著名评论家和作家,李敬泽著有不少作品,如《青鸟故事集》《咏而归》《跑步集》《上河记》《会饮记》《会议室与山丘》……同时,他还先后在《十月》杂志辑录的"文化传承发展"专题中,说《红楼梦》谈《诗经》,并在北京、上海、广州、成都多地开展讲座,带领读者从历史的深邃中领略当代文学的风采,探知尘埃深处的语言和形式,在缝隙中劈开思想的天地,发现当代文学之美,将当代文学的潮流与根脉娓娓道来。

李敬泽,正是那个朝向原典、回归中华优秀传统文化的"元写作者"。

翻开《青鸟故事集》，李敬泽打破散文、随笔和小说的界限，把想象、虚构、历史、事实混杂在一起，融合了评论家中的博物学者、作家中的考古者两重身份，自由穿行于驳杂的历史细节，收集起蛛丝马迹、断简残章，编织出逝去年代的错综图景。从《枕草子》到《太平广记》，从《利玛窦之钟》到《马可·波罗游记》，从抹香鲸到龙涎香……李敬泽尝试去寻找那些隐没在历史背后和角落里的人，在重重阴影中辨认他们的踪迹，倾听他们的声音。《咏而归》，收录了李敬泽历年来所写的有关古人古典的短文，以春秋先秦为主，对《论语》《孟子》《春秋》《史记》等经典进行了独到的评析。"说到底，《咏而归》并非一本解说经典的书，我自己也从来没有这样的志向。"李敬泽说，在他看来，阅读经典是一个与古人相"亲"的过程，"我们读古人，最后要把古人读成'活人'，读成和我们面对面坐着的'活人'，读成可以和我们一起喝几杯小酒、无所不谈的'活人'。这时候我们才真正能够体会到古人的精神，他们的了不起之处，他们的智慧之处以及他们的难处。"

李敬泽出版的著作

同样，还有《会饮记》。用亲历者的眼光，从历史的深邃中观照当代文学的现场，拾起落满灰尘的书籍，在缝隙中劈开思想的天地，编织出属于作者自己的文化和心灵地图。有人说，李敬泽是个整合历史的"拾荒者"。而他自己表示："在当下语境中回到'文章'的传统，回到先秦、两汉、魏晋……是在一种更有包容性、更具活力的视野里建立这个时代的文章观。"李敬泽直言，"我们不能把传承中华优秀传统文化理解为，天天读古书或者写文章就一定要以古时候的事为素材，而是我们要带着这个传统来面对现在的问题，开辟全新的未来。"所谓"尊古不复古"，正是如此。在李敬泽看来，传承中华优秀传统文化，不能只是写一本书来阐发传统，或者说读了《论语》后，来写一个体会，"更应该面对时代，面对时代的问题，身处巨大变化之中时，去探索中国文化新的出路和方向。"李敬泽表示，"建设中华民族现代文明首先要深刻认识中华文明的特性，发掘古典文化中包含的现代化观点，去体会经典中所包含的现代性力量，并努力创造属于新时代的新文化。"

 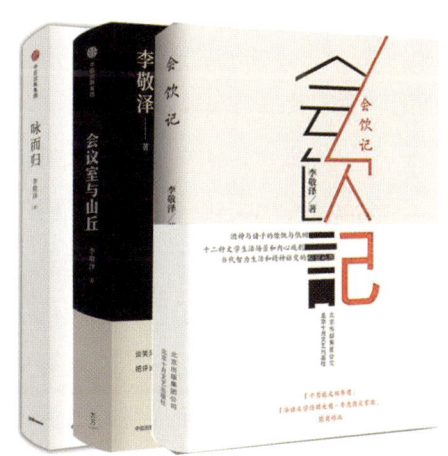

李敬泽出版的著作

作家应以文学高质量发展弘扬全人类共同价值

记　者　您对传承优秀文化、促进交流合作有什么样的认识与感想？

李敬泽　传承发展中华优秀传统文化，我们要坚持守正创新、开放包容。我们有五千年辉煌灿烂的文明，这个文明之所以能够持续，能够经历种种考验，有时候甚至是生死存亡的考验，依然保持着生机和活力，正是因为它永远保持着一种坚持主体性、走自己的路的信念，同时又在不断地向着新的经验、新的可能性敞开，这就是守正创新、开放包容。面向历史、面向未来，在五千年辉煌灿烂的文明基础上，创造新的中华民族现代文明，这是我们的使命。

记　者　要在守正创新中传承中华优秀传统文化，创造中华民族现代文明，具体应该怎么做呢？

李敬泽　传统文化，它活在我们的人民、我们的乡土、我们的生活当中，是一种如盐在水的关系。比如，你可能没有熟读《论语》，没有熟读《庄子》，在现代生活中，除了专业研究者，你也不会那么深地去掌握它、学习它，但就算一辈子都与这些没有交集，你作为一个中国人，孔子那些关于人生的教诲，庄子的生活态度和风姿，已经不知不觉在你身上了。这恰恰证明了，我们传统文化的真正活力不仅仅在书柜里，也在人的心里、人的生活中，传统文化强大的生命力，在我们的骨子里、灵魂里。

当代之传承发展，就是守着我们文化的根基，对新的问题作出解答和回应。我们五千年的传统文化，让我们在看待世界与人生的重大问题上，有着独特的关切和独特的方向。我们随时准备着迎接新的考验，并在不断的回应中，把道路走得更宽广，空间更宏大。一个文明的生命力就在于，道路越来越宽。打个比方，文明的上游可能是一条小溪，后来变成一条大河，最终，它应该是澎湃的汪洋。

所以，守正，就是不要忘记我们的来时路。这不仅仅是一个历史记忆，更是一个人生和文化的方向。我刚刚从四川回来，去了折多河，我惊叹于它的奔腾不息，它蕴藏着的巨大的活力。但在这种汹涌中，它有一个内在的方向感，有时候我们会说河道约束了河水，其实不是，是河水自己在大地上为自己开辟了道路，它冲出去，开出了这条路。同样，传承我们的文化，不管怎样，都不要失去这个内在的方向感，在各种复杂情况下，就像河水会遇到高山、高原一样，记住自己的方向感，每一代人做出自己的创造，去冲开一切，去往新的空间。

记　者　文学作为一种载体，承载着文化的沉淀和传承。作为一位文学工作者，您觉得文学在传承中华优秀传统文化的进程中，有着怎样的作用？

李敬泽　对于每一个时代而言，在建构赓续文明和文化的进程中，我们的文学一直发挥着重要的基础性作用。而这本身就是中华文明的独特性。曾经有人说，为什么中国那么重视文学，不就是个文学吗？我觉得，他可能真是不太理解。中文里"文明"这个词，"明"指的是什么？是光，是照亮四野的。"文"，在我们中国传统文化里，是至关重要的一个字，文明、文化、文字、文章……"文"最早指的什么呢？是花纹和文字，用文字来书写世界，可以说是我们文明的根基，是我们文明的重要起始点。我们认识这个世界，在这个世界中建立意义，是从对世界的书写开始的。《诗经》原本是口头的，孔子的伟大，就是把《诗经》落到了竹简上，成文了，而且他更进一步地用这些对人们进行情感教育甚至于进行道德教育。那些诗歌成文后，流传下去，建构了我们每个人的情感世界，也维系着我们一个文化的共同体。所以，《诗经》里的诗歌，绝不是我们现在一般意义上去理解的诗歌，它发挥着重大的作用，对我们的文明和文化，具有根基性的作用。中国人的道在哪里？中国文化的道在哪里？在"文理"里。这个"文"是广义的，但很重要的一部分就是文学。韩愈说"文以载道"，正是这个意义。文学在我们的文明中，对建构我们的情感、认知，发挥了非常重要的作用。

当然，经常会听到有人说，我多少年不看小说了，也多少年不读诗了。经常会有人来跟我表达他对文学小小的不屑和小小的傲慢，但我记得我在央视《开讲啦》就讲过这个问题，我说你还是要感谢文学，幸亏文学在你不读之前，在小学、中学给你打了点底子，每个人身上多多少少都带点文学的色彩，如果你连这么一点底子都没了，该是个多无趣多贫乏的人啊！

记　者　站在作家的立场上，在新时代新征程上，传承中华优秀传统文化，作家何为？

李敬泽　新时代，文学肩负着神圣的责任，正在迎来无限广阔的发展空间。我们的作家应深入挖掘中华优秀传统文化的思想观念、人文精神、道德规范，善于从中华文化宝库中萃取精华、汲取能量，把中华美学精神和当代审美追求结合起来，让中华优秀传统文化成为新时代文学创作的重要源泉。要树立大历史观、大时代观，坚持守正创新，树立艺术雄心，在日新月异的时代实践中，在人民丰富生动的生活创造中，不断更新思想范式、艺术形式、话语方式，捕捉新的语言、新的人物，塑造新的形象、新的风格，创造"时代经典"，让中华文化展现出永久魅力和时代风采。同时，新时代作家和文学工作者要以开放包容的姿态和胸怀拥抱人类文明，向着人类共同向往的方面注目，向着人类精神世界的最深处探寻，更加积极主动地学习借鉴人类创造的一切优秀文明成果，从中寻求智慧、汲取营养；并结合中国实际，运用多种方法、形式和手段，创作更多展现中华民族特色、精神和气派的优秀文艺作品，不断以文学高质量发展弘扬全人类共同价值、推动构建人类命运共同体。

（肖姗姗）

提 要

- 艺术不只是风花雪月，也不只是个人的杯水风波，而是一种引导心灵向上、助力社会创新的"有为之学"

- 社会更需要的是能够用艺术解决问题的人，能够用艺术推动社会进步的人，能够用艺术改造人们生活的人

- 教育的根本目的是"人的保存与人的发展"，艺术的根本目的是"世界的发现与人的发现"

- "中西融合""传统出新"，这两条道路在新时代互为语境，各自展开，彼此交织，共同发展

高世名 | 中国美术学院院长

人物简介

高世名，中国美术学院院长、教授、博士生导师，文化名家暨"四个一批"人才，国家哲学社会科学领军人才，浙江省美术家协会主席。高世名提出"以乡土为学院"和"无墙学院"的办学理念，倡导"全球本土双轮驱动、人文科技双向会通"的艺术教育体系，致力于打造扎根中国大地、助力社会创新的"有为之学"。

在全球史大视野中彰显中国艺术独特意蕴

2023年11月10日上午，中国美术学院建校95周年大会在中国美术学院良渚校区举行。现场，中国美术学院院长高世名以其5000多字的主题发言，抚今追昔，鉴往知来，对校庆主题"到源头饮水，与伟大同行"详加阐述。筹备、参与建校95周年各项庆典和展览、学术活动，参加《人民日报》学术座谈，与中国外文出版发行事业局等签署战略合作协议，还要抽空接受媒体采访……高世名最近的状态，恰似首任院长林风眠的著名题词：为艺术战。

中国美术学院是中国美术高等教育的开创之地，已经发展成为一所拥有五大校区的万人美院。如何"为艺术战"，如何推动中华优秀传统文化在新时代传承发展，是高世名一直在探索的命题。

高世名表示，文艺不是大政之余，而是大政之始。作为新时代的文艺工作者，不但要固本培元，接续先贤道统，活化历史文脉，重建"艺理相通、道术相济、学养相成"的艺术传统，更要守正创新，将古今概览之眼界、现实生活之体认，转化为艺术创作之资粮，创造出新时代文化艺术的清刚正大、高风峻骨。

◆ 文学青年结缘美院
自创硕博研究方向

高世名与艺术结缘,其实有些偶然。20世纪90年代初,他的兴趣主要集中在文学领域。有一次哥哥带回4本米兰·昆德拉的小说——《不能承受的生命之轻》《玩笑》《为了告别的聚会》和《笑忘录》,或许由于书中涉及一些哲学背景,哥哥和他的朋友们始终读不进去,"觉得枯燥,没情节",高世名却如饥似渴地一口气读完。

当时,高世名的父亲在大学里教授物理,母亲则是小学语文老师,两人一心扑在教育事业上,无暇顾及他。高世名一有空就钻进图书馆,通过阅读逐渐建立起自己的精神世界。"一个年轻人,他的自我成长非常重要。中学时,有相当多的时间泡在图书馆里,通过自由的阅读,有了看世界的独特眼光,开始探索自己的表达方式。"

朦朦胧胧中,这名文学青年慢慢有了"搞艺术"的想法。1993年高二时,17岁的高世名选择参加艺术高考,并幸运地被浙江美术学院录取。也就在那一年,学校更名为中国美术学院。

他的本科专业方向是艺术史,当时天真又真诚地觉得艺术这个事跟自己有关,艺术史跟自己有关,"我们一拨人觉得我们要改变艺术史,每个人都'自命不凡',都'自以为是'。这种心气非常重要,也是我期待今天的学生能够做到的。"

硕士期间,他的研究方向是"艺术史与艺术批评",博士期间则是"艺术史与观念史",都不在中国美术学院的专业方向之中,他大胆"自创"进而被学校教务部门认可。

这种"自由"还体现在对教育资源的充分利用上。一些美院没有开设的哲学课、文史课,高世名就跑到浙江大学蹭老先生们的课,"我也交作业,老先生批改一下,打个分带回来,教务处就认了。"除了知识的丰富积累,他还从老师们身上收获了做事的方式方法,以及对年轻人的信任和支持。

◆ **从创作者到策展人**

探寻"自主表述"的路径

尽管专业方向是史论，大学期间，高世名却对当代艺术产生了浓厚兴趣，还跟朋友一道搞起了当时很前卫的录像艺术和装置创作。

"一开始没有条件，甚至只能做方案。"后来展览机会来了，他们用非常简陋的设备拍录像，在速度极慢的电脑上做剪辑，一点点干起来，连续几年参加录像艺术展。

1999年的一次参展经历，给高世名带来了颠覆性的影响。那次，他在北京四环边上的一个地下室艰难地完成了一件录像装置，然后帮助策展人邱志杰通宵布展，"连续一星期就像工人干活一样，只有一点点时间休息、睡觉。第二天开展，现场无缝切换成了一个衣冠楚楚的大派对，当时我感受到这是一种很虚幻的东西。"高世名开始对当代艺术的"名利场"和"圈子"产生批判意识，从当代艺术转向经典，阅读了从赫尔德、哈曼、狄尔泰到卡尔·波普尔、以赛亚·伯林等一大批哲学家的思想史著作。

虽然后来没有继续从事艺术创作，这段经历对于高世名而言却弥足珍贵，其影响持续至今。"写诗、写小说、拍电影、搞摄影、练书法，都是一种艺术的经验。有这样一种上手操作的创作经验，你就不会对艺术隔膜，就能够知道艺术家创作的甘苦，知道他的快乐在哪里、他图什么。"

高世名为艺术圈熟悉，主要源于新世纪以来的策展工作。

2002年6月，还在读博的高世名给时任中国美术学院院长的许江提交了一份名为"从中国海到地中海"的报告，提出以文化考察的方式，梳理亚洲当代艺术的迁徙与亚洲文化传统、地缘政治的关系，探讨构建"文化亚洲的当代主体性"。"这是中国艺术界第一次自主的亚洲表述，在此之前中国艺术界是被表述的。"此后，高世名参与策划了广州三年展、上海双年展等一系列重要展览。尤其在担任第三届广州三年展主策划时，他就策展主题在北京、香港、上海、杭州、广州及伦敦做了6场论坛。后来欧美一些高校将这个展览作为策展研究和理论教学的重要案例。人才培养也随即展开。"我们的学生要大量阅读社会理论、文化批评、媒体研究这些东西。"2003年，中国美术学院设立了国内首个策展专业，2010年纳入跨媒体艺术学院，开始培养策展方向的硕士和博士，并于2022年出版一套四册回顾性的"行动之书"丛书。

高世名出版的著作

◆ **接续艺术教育理想**

打造中国艺术"国学门"

2020年7月,时年44岁的高世名就任中国美术学院院长,成为中国艺术院校最年轻的掌门人。"许江院长做了20年,有非常清晰的学术主张。"在他看来,对学校来说最重要的,是怎么保证这些学术主张、这些命题、这些理想延续并且深化下去。例如,针对"全球视野,本土关怀"的理念,高世名用"乡土学院"网络和"国际研学"网络来落实。"艺术院校的学生往往比较关注自我,注重个性的表达,对此要引导他们在社会大现场中打开胸襟,用乡土新经验贯通群我。"

"美院要'四通八达',散布到全中国,要有它感知社会进程、把握时代脉搏的'毛细血管'和'神经网络'。"他表示。

中国美术学院是中国画、书法高等教育的开创者,在新时代,推动中华优秀传统文化创造性转化、创新性发展自然是题中应有之义。针对许江提出的"视觉艺术东方学",中国美术学院与杭州市萧山区签署合作协议,开辟湘湖校区,共建中国美术学院国学院,打造中国艺术"国学门"。

在这里,高世名希望创设中国书画"长时段、一体化"的卓越人才培养机制,从附中到博士一以贯之,做到中本贯通、硕博连读,2022年已经招收了第一批学生。

"国学门"希望吸收古代书院的优秀传统,推进中国书画与古典学术的知识整合,以"诗、书、画、印"四大传习所,重建博通经史、"诗书画印"兼备的"通人"之学,探讨中国艺术教育的自主模式。同时,也将设立世界艺术史研究中心,在全球史的大视野中彰显中国艺术的独特意蕴,创新中国人的"视觉国学"。

与高世名读书时相比,中国美术学院的规模在新世纪扩大了几十倍,学科专业质量也在稳步上升。"但是依然有一个问题:怎么在万人大学的基础上制定高层次艺术人才培养的'任务书',怎么培养我讲的'世界的艺术家'。"

"我们的学生不只是专业画画的、做雕塑的、做设计的,他需要一整套艺术人文的滋养;同时,今天的科技迭代如此迅速,我们需要跟科学家、工程师一起合作。这不但要全球本土双轮驱动,还要人文科技双向会通。"高世名表示,在这样一个路径里去重新构造艺术和艺术教育,将是当前和今后的一项长期课题。

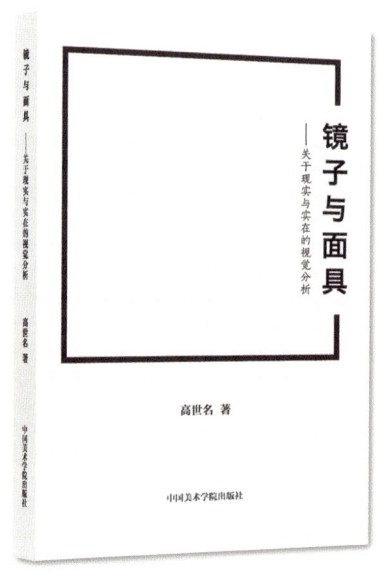 

高世名主编、出版的著作

艺术是激发民族自主创新能力的一种力量

艺术的根本目的是"世界的发现与人的发现"

记　者　最近拜读了高院长的一些文章、讲话，您都反复提到一个观点：我们不要培养"艺术界的艺术家"，而是要培养"世界的艺术家"。这两者有什么区别？

高世名　2016年G20杭州峰会时，加拿大总理夫人苏菲到我们学校，她问了一个问题：你们学校建校快90年了，1928年建校的时候，艺术对中国意味着什么？今天又意味着什么？我当时的回答是，1928年的时候，艺术对中国的意义是涵养心灵、培养新人，它是美育和德育；而在21世纪的今天，艺术对中国的意义是激发民族自主创新能力、推动社会创新的一种力量。所以艺术不只是风花雪月，也不只是个人的杯水风波，而是一种引导心灵向上、助力社会创新的"有为之学"，这是我的信念。

美术学院培养怎样的人？只是培养所谓的"独立艺术家"吗？绝对不只如此。社会更需要的是能够用艺术解决问题的人，能够用艺术推动社会进步的人，能够用艺术改造人们生活的人。所以说从人才培养的目标来看，艺术不是作为一门技术和职业。学生读美院，就是为了成为一个平面设计师，成为一个国画家？不只如此。艺术是超越专业的一种东西，美院最关键是要教一种创造性地感知世界的能力、创造性地解决问题的能力，这是最根本的东西。

在这个意义上来说，艺术是"大写"的艺术。任何一个行当，做到最高的境界，就是一门艺术。烹饪的艺术、建筑的艺术、领导的艺术……艺术指的是一种超越性，那种从日常劳作、平常事务中拔地而起的一种超越状态。这就给美术学院的教学带来了一个巨大挑战，在正常专业教学之外，还要有很多东西。我在校庆大会里讲的"通"，不只是兼通博览，不只是联通、旁通，它是贯通和上通。你要有那种上通的超越性，这种超越性把一切技艺的东西提升到了道的层面。

为什么做"世界的艺术家"？艺术圈再美好也是画地为牢，尤其是现代以来，欧美社会构造起来的沙龙、展览、画廊、美术馆、博览会、拍卖行……整个这套系统，让艺术变成了一个象征性资本的自循环体系。艺术之外要么是消费体系，要么是传播体系，艺术作品要么通向博物馆的祭坛，要么通向银行保险箱。艺术如果仅仅变成这样一个行当，那么它是可悲的。它再美好也是一个"小花园"，而花园之外是整个世界，有无数的人们、无比丰富的生活、无穷无尽的故事。美术学院的学生，哪怕将来要做职业艺术家，都要去到广阔的世界里面进行社会感知，养成自己的现实感、历史感，这一点至关重要。不要天天只想着画廊、市场、节展，你要想到无尽的远方、无数的人们。那些普通人，他们的生命世界，他们无数的故事、感受，他们平时很难表达，你要去向他们学习，你要真正地在社会网络之中去进行观察、去体验创造力的多种形态。

记　者　通过这些理念、路径，您希望中国美术学院最终培养出怎样的人？

高世名　其实，我倡导"以乡土为学院"，开学布置"国美作业"，这些都是为了让国美的青年学子能够成为"现实主义者"。这些年，我观察到今天的年轻人有一种矛盾人格：人生目的不明确，同时又是人生的"精算师"；在社交媒体上四通八达，好像经历了满世界的精彩，但同时又是宅男宅女。没有人生目的和理想，就只剩狭隘的实用主义，从长远看这是缺乏开创性的。这是我们要去研究、破解的难题。

那么，艺术在这里起什么作用？教育的根本是什么？这些年我跟美院的同事们始终围绕这些问题在思考和探索。90周年校庆时，我在论坛上非常明确地提出艺术和教育的使命是人的保存、人的发展；今年我又完善了一下——教育的根本目的是"人的保存与人的发展"，艺术的根本目的是"世界的发现与人的发现"。

"世界的发现与人的发现"，是我们以前对文艺复兴的说法，但是我们将之界定为艺术的根本价值，也就意味着文艺复兴不是一次性的时期和运动，而是始终发生着的状态，文艺复兴作为一种心志，应该渗透到我们日常的创造之中。

创造性转化、创新性发展应该"以人民为中心"

记　者　近年来，中华优秀传统文化的保护传承，尤其是创造性转化、创新性发展受到高度重视。中国美术学院做了很多工作，您也一直在倡导"与古为徒、与古为新、与古相悦"。在您看来，我们可以向古人学习什么？

高世名　中华优秀传统文化的创造性转化、创新性发展，这是新时代着重提出来的，中国美院在这个事情上有着当仁不让的责任。中国画和中国书法的高等教育从我们这儿开始，抗战期间，王子云先生等一批先师领导西北艺术文物考察团，对中华民族的文化根源进行了历史性的梳理和保存。优秀传统的基因在我们学校始终薪火相传，这为我们民族的文艺复兴埋下了一颗种子。

我跟美院师生们常常讨论一个话题，我们要坚持传统正典的研习，但是在新时代不能厚古薄今。要实现创造性转化、创新性发展，要先弄清楚我们比古人差在哪里，又强在何处。古人比我们强在两点：第一点"先天之学"，古人一读书就是经史之学，一提笔就是毛笔书写。第二点"格物致知"，古人比我们观察事物更细致、严谨，因为没有手机、没有电脑、没有电子游戏、没有社交媒体，没有这些东西分心，可以宁静专注、唯精唯一地观察事物。所以古人格物之深，不但可以"格物致感知"，而且还可以"格物致良知"。

但是古人有不如我们的地方。今天的博物馆、今天的数字化，今天任何一个博士生，他所看到的那些历史上的名家巨迹，比赵孟頫、董其昌要多，这两个人已经是他们那个时代条件最好的人。况且赵孟頫、董其昌他们并不知道这个世界上还有欧罗巴文明、古埃及文明，不知道还有希腊罗马，还有文艺复兴，而我们可以概览人类文明史的各种成果，只要你愿意，你都可以去研习。再者，古人不像我们，可以用所有的现代科技手段去认知这个世界，转化成为艺术经验和美学创造。

记　者　推动中华优秀传统文化，尤其是传统书画等领域的创造性转化、创新性发展，中国美术学院的具体思路是什么？

高世名　我们分设了中国画学院和书法学院，目的是让它们能够拥有充分的发展空间，互为语境，各自展开。但是它们之间的学术和专业是分不开的。同样，依托湘湖校区创建中国美院国学院，目的是汇聚全国乃至全世界的人文艺术资源，来打造中国艺术的"国学门"。我们希望形成一个中华优秀传统文化创造性转化、创新性发展的艺术策源地，为此将全面展开"中华文明基因工程"，创设汉字、器道、山水、造园四大研究中心，以这四个命题贯通所有学科专业。

比如，汉字可以打通书法、篆刻、金石、建筑、新媒体、设计等方方面面，它是我们中华文明的基因。山水是中国人世界观的艺术，我们现在不但有中国画学院在画山水，同时还有油画、版画、动画、电影、设计、手工艺、声音艺术以及建筑、园林，都在山水方向进行探索，山水可以打通美院所有专业。

我们在讲创造性转化、创新性发展的时候，一定要面对新的时代，一定要以人民为中心。"以人民为中心"不是空说，也不只是去画主题性创作。我们要把"以人民为中心"落实到我们的教学体系里去,落实到人才培养中去,落实到青年艺术家、设计师的成长中去,让他们做到扎根中国大地,感通人民之心,感知社会、感知现实,在这个过程中实现自我创造。

推动"中西融合""传统出新"互相交流和发展

记　者　您以前主要是以策展人身份被艺术圈所知,20年前做的第一个策展项目就开始"放眼世界",2023年校庆同样有很多国际性的学术文化活动,体现了近年来强调的文化和文明交流互鉴的动向。

高世名　2002年6月,我还是博士生,提交给许江院长一份3页纸的方案,题目叫"从中国海到地中海",针对当代艺术在亚洲的迁徙做研究,探讨它如何跟亚洲各国的本土文化建立关系,如何面对亚洲复杂的地缘政治议题,如何形塑一个现代亚洲、文化亚洲。后来许江院长建议题目改为"地之缘",既是边缘,也是因缘,副标题依然是"当代艺术的迁徙与亚洲地缘政治"。

亚洲是一片文明历史悠久、文化多样性突出的大陆,我们到泰国、日本、伊朗、土耳其等不同文化脉络的国家进行考察,我们提的问题、关注的事情跟欧美策展人是很不一样的,这就是最大的价值,这也就是"非西方-非西方"之间互鉴的结果,跟近代以来"东西方"之间的文化比照是不一样的。这也就是20年后,我们再来做"天问2023:文明互鉴"这样的学术活动的目的。

记　者　作为中国美术学院的两条学术脉络,"中西融合"和"传统出新"的关系是什么?

高世名　5年前,我们收到一批捐赠,是林风眠先生和蔡元培先生的通信,其中所用的国立艺术院信笺纸上面有四句话,就是我校当时的"四句教":介绍西洋艺术,整理中国艺术,调和东西艺术,创造时代艺术。

中国美院有两条主要的学术路线。一是林风眠、蔡元培的"中西融合"之路,这条路作为学校的一个文化基因,生产力极其强大,比如说这所学院的学生里面就出现了赵无极、吴冠中、朱德群等,都是从这条路上走出来的艺术大师。二是潘天寿倡导的"传统出新"之路,他认为中国画、西洋画要拉开距离,两峰挺立,要文化自立、自强,"为传统增高阔"。这是中国艺术史上最早、最明确、最坚定的文化自觉、自信的宣称。我们的"国学门"主要就是承接潘天寿先生这条道路,但是也兼通了"中西调和"的意义。

当然,"中西调和"不只是东和西,除了东、西之外,还有很多的"非西方",今天"全球南方"(Global South)也是一个重要命题。我们95周年校庆的核心项目"天问2023:文明互鉴"以及12支团队从世界各地带回来的"来自世界的报道",就是为了展开蔡元培先生当时横贯东西方文化传统的那个伟大视野。对中国美院来说,"中西融合""传统出新",这两条道路在新时代互为语境,各自展开,彼此交织,共同发展。

中国美术学院

(余如波)

12 文化传承发展百人谈

提 要

● 中西方文化的交流对话让我们可以站在不同的视角，去了解和推动不同文化的互鉴互补

● 研究诗、礼、乐，你会深刻感受到中国历史上各民族融合发展的历程

● 跟着书本去旅行，跟着诗词去旅行，这是以前的传统教育里很少提倡的，但现在我们有了学习了解传统文化更好的条件和契机，这是一个更好的时代

● 每个不同的地域，都有一些独特的文化元素，可以成为诗歌创作和传播的源头活水

杨雨 | 中南大学人文学院教授 博士生导师

人物简介

　　杨雨,湖南长沙人,1974年出生,文学博士。中南大学人文学院教授、博士生导师,中国词学研究会常务理事。主要从事唐宋词研究、中华经典吟诵与吟唱文化研究,著有《宋词的女性意识》《网络诗歌论》等30余部著作。多次主讲央视《百家讲坛》栏目,担任央视《中国诗词大会》《"汉语桥"全球外国人汉语大会》等栏目点评嘉宾,长期致力于传播、弘扬中国传统文化。

爱上诗词，从爱上生活的点滴开始

在诗词圈中，杨雨无疑是与众不同的。

"70后"的她，气质出众又年轻有为，33岁获聘教授、博士生导师，精通法语、英语，完美地诠释了那句"明明可以靠颜值，却偏偏要靠实力"。

更让杨雨被广为人知的，是伴随近年来古典诗词热潮的兴起，她从校园走上荧屏，成为《百家讲坛》《中国诗词大会》等节目的人气明星。与常人印象中的专家学者不同，杨雨建诗社、当评委、拍视频、玩抖音，用时下最潮的方式与学生们打成一片，击鼓弹琴、把酒吟唱，向世人分享传递古典诗词的优美韵味。

2023年10月22日，杨雨在湖南长沙接受四川日报全媒体"文化传承发展百人谈"大型人文融媒报道记者的专访，讲述她与她热爱的诗词之间的故事。

◆ "曲折"生涯
从不同角度认识中国文字的美

杨雨1974年出生于湖南长沙。受家庭影响，她很小的时候便对古诗词产生了浓厚兴趣。不过在大学本科时，杨雨却选择了法语专业，硕士时攻读中国哲学，直到读博士才又回到了她一直钟爱的中国古代文学，攻读唐宋词研究及批评。

2001年，杨雨获得华东师范大学文学博士学位后，前往中南大学任教。因为出色的学术造诣和教学成果，2007年，33岁的杨雨获聘中南大学文学院教授，成为当时学校里最年轻的教授之一。

从法语到哲学再到文学，回想自己这段"曲折"的学术生涯，杨雨说，它反而对自己后来的诗词研究裨益良多。

在央视《中国诗词大会》第六季的一期节目里，作为点评嘉宾的杨雨在现场用法语吟诵了法国著名诗人保罗·魏尔伦的作品《月光》，赢得满堂喝彩。在许多场合，杨雨都被问到法语与汉语、法国诗歌与中国诗词之对比这样的问题。

"法国作家都德曾写到，法语是世界上最美丽的语言，但那其实是在特殊的战争背景下写下的。"杨雨说，她也会经常跟学生们说，除了汉语，她认为，法语是世界上最美丽的语言。

"语言之间的比较其实不太有意义，因为对每个人来说母语都一定是最美丽的语言。"杨雨说，她非常喜欢法语，但是在这之前，她就已经爱上了汉语，特别是最能够承载汉字、语言以及意象之美的中国古典诗词。

杨雨出版的著作

相较于区别，杨雨更愿意去发现法国诗歌与中国诗词的相似共通之处。中国诗词中有意象之说，即通过自然中的物象来寄托人的感情思想，寓情于景。例如古人一看到月亮就会有思乡之情，会感受到月色的纯净之美。在法国诗歌中同样也会有类似的认知，月亮可以承载对爱人的相思。"像这样的表达方式，对于自然美的赏爱之情是完全可以相通的。"杨雨说。杨雨觉得，学习法语之后，帮助她跳出传统的汉语语境下的视角，站在另外一个视角，回过头再来看汉语，就好像是站在一座山上，看向曾经爬过的另外一座山，从不同的角度去认识自己的专业，认知中国文字、中华文化的美。

◆ **讲授诗词**
　　发现生活中细微的美

　　杨雨的电视讲坛经历开启于2008年，她在湖南电视台的两档文化栏目中开设讲座，首次"触电"。2011年开始，杨雨走上央视《百家讲坛》，先后推出《侠骨柔情陆放翁》《纳兰心事有谁知》《端午时节话屈原》《诗歌爱情》《杨雨话中秋》等一系列诗词讲座，广受观众好评。

　　此后，随着古典诗词热潮的兴起，杨雨开始出现在《中国诗词大会》《中华好诗词》《跟着唐诗去旅行》等各种诗词电视节目中。在全新的舞台上，形象出众、博学多才、谈吐不俗的杨雨很快出圈。除了上文所述用法语吟诵诗歌，杨雨在节目中时常身着各式汉服，对历朝历代的诗词信手拈来，还曾现场表演了一段琵琶弹奏……她成为粉丝口中的"诗词女神"。

　　对于突然走红，杨雨也始料未及。她说当初选择中国古代文学这个冷门专业完全是出于喜爱，也做好了"板凳要坐十年冷"的准备，"谁能想到古典诗词会这么火？"

　　但杨雨一如既往淡定处之，因为她只是在做自己爱做的事情。因为热爱，杨雨化身"空中飞人"，不断奔忙在全国各地，除了参加电视节目，她还开始运用各种传播手段，录制音频节目，开设抖音账号等，通过这些平台传播推广中国古典诗词。

　　2023年，杨雨又开始了新的尝试，她参加了央视的一档真人秀节目《山水间的家》，与央视主持人撒贝宁等一起走进乡村，寻找山水之间的诗意栖居。在节目录制中，杨雨体验了例如挖地种树、修路铺砖等新鲜事

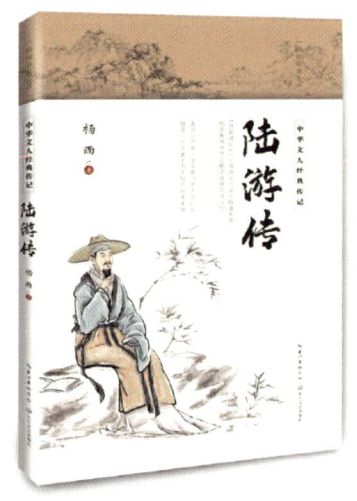

杨雨出版的著作

物，也不忘分享突然间在脑海中冒出的优美诗句。虽然节目本身与自己的专业关系不大，但杨雨说自己仍全身心地投入，去体验和享受不一样的生活。这也是一直以来杨雨想要传递给世人的态度：欣赏诗词、感知诗词温度，要从爱自己、爱生活开始。

"一个人要爱上诗词，首先要学会去发现身边日常生活的点点滴滴，去感受美，感知伤痛，真正去理解这个世界，去爱这个世界。"

杨雨说，其实古代诗人的逻辑也是这样，因为发现了一只鸟或者一对鸟，觉得鸟的声音很好听，然后把它写下来；由这一对鸟儿美好的鸣叫声，诗人可能会联想到一对少男少女美好的爱情，这种联想是自然而然、有感而发的，而不是谁刻意强加的。最后就有了"关关雎鸠，在河之洲，窈窕淑女，君子好逑"。

杨雨说，也许诗人最先开始创作的时候，就是因为看到一对鸟儿，引发了诗人心中美好的情感。当然，随着诗歌的不断传唱、流传，后来人的解读会赋予它更多更宏大的意义，或者关系到深邃的思想内容。而这也是诗词最大的特点，可以引发很多联想的思维，可以从各种角度去解读。

"但是我相信，诗人最早的创作，其实就是发现了生活中那种很细微的美，可能就是抓住一个瞬间，呈现在诗词中。"杨雨说。

◆ **吟唱经典**

"好玩"中感受诗词的共情之美

虽然没有预料到诗词如今会这么火，但多年以来，杨雨一直在用自己的方式推广普及中国古代文学经典。2013年，杨雨牵头组建了中南大学中华经典吟唱团。

"诗歌与音乐是密不可分的。"杨雨说，在古代，诗词往往都是通过吟唱的形式流传开来，而她希望将这样的形式接续传承下去。

"最开始其实谁都不太知道什么是吟唱。"杨雨回忆，大家分不清传统的吟诵与现在流行、美声或民族唱法的区别在哪儿。只能一边摸索一边学，向一些健在的吟唱大家请教，学习他们读书的腔调，尝试对不同的作品用不同的方言吟唱出来。吟唱团甚至还会尝试按照现在年轻人喜欢的方式谱曲，用现代人耳熟能详的音乐形式将经典吟唱出来。

转眼吟唱团成立至今已有10年，成员从最初的数十人发展至约500人。10年来，吟唱团始终坚持发掘、保存、传播、创新传统古诗词吟唱，坚持在当地的学校、图书馆等地开展公益活动，免费开设吟唱课堂，带动一批又一批青年学生通过吟唱经典学习了解中华优秀传统文化。

怎样才能吟唱好一首经典作品？杨雨觉得，要先从"玩起来"开始，最终则要归于共情。

在接受记者采访的前一天晚上，杨雨带着吟唱团新一批的学生吟唱了李白的《将进酒》。

"他们开始时有点'板'，我说这样不行。"杨雨说，《将进酒》是一首祝酒歌，甚至可以说是劝酒歌，是李白喝到半醉的时候，和他的朋友们在酒桌上正"嗨"的时候唱起来的,虽然当晚大家吟唱的时候没喝酒,但要尽量将那种状态表达出来。

"我这么一说大家就会觉得很好玩,很好奇,想要去了解为什么李白会说出'与尔同销万古愁',为什么李白有着像奔流到海不复回的、滔滔不绝的黄河水那样的万古愁想要去消解。"杨雨尝试让同学们在头脑中还原喝酒后的情景,可能是高中毕业后的聚会,大家把酒言欢、相互祝福,也可能是在自己的成年礼上,第一次放肆地将啤酒杯摔碎。

"这些情景他们是不陌生的,慢慢去贴近李白当时的所思所想,再去感受诗词,他们马上就有了共情。"杨雨说,传统文化并不只停留在历史的传统之中,它一定是延续到了今天的日常生活里,古人的一切所思所想,在今人这里都能够得到非常鲜明而强烈的回应。

文化传承发展现在面临非常好的机遇

诗礼乐不是故步自封一成不变的

记　者　诗词寄托着个人的情感,而从整体上看,它也是中国传统文化传承发展的重要载体,您如何看待其历史和现实价值?

杨　雨　我觉得中国传统文化的核心内容中有三个关键字:诗、礼、乐。孔子说"兴于诗,立于礼,成于乐",其实已经说明了一个君子的人格，或者说其基本修养需要具备的三大要素。对于诗，孔子教育他的学生，包括教育他的儿子时说"不学诗无以言"，意思是你不学习诗，连说话的基本能力都不具备。他口中的诗特指《诗经》，我们后来把它延伸扩展理解为所有的诗一样的文字和语言。然后"不学礼无以立"，指不学习礼就不能安身立命，成为一个合格的君子。

很多学者都认为，礼乐文明是中国传统文化的核心元素之一，这也是我们的传统文化区别于其他地域、民族的特质所在。而礼乐文明又更多地承载在诗这样一种表现形式上。所以，无论是在做研究还是与学生交流时，我经常把诗和其承载的礼乐文明融合到一起去理解。研究诗、礼、乐，你会深刻感受到中国历史上各民族融合发展的历程。

以《诗经》为代表的先秦诗歌以四言为主，而到了汉代以后开始演变为五言为主。那是因为在汉代，中原民族与西域各民族的音乐发生了碰撞融合。其中一个特别好的契机就是张骞"凿空"西域开辟古丝绸之路，其影响不仅在经济贸易，更是促进了文化交往，他从西域带回的乐器乐曲，经过汉代音乐家的融合改编，形成了风靡一时的宫廷礼乐，流传民间。通过音乐的融合，促成了汉代五言诗的兴起，并在魏晋南北朝繁盛，成为中国传统诗歌的重要一支。

再看宋词，词在宋代达到繁荣顶峰，但萌芽是在唐代，因为在唐代出现了词这种文学形式需要的音乐。汉之后，唐代是中国历史上又一个大一统王朝。特别是初唐，不仅国家强盛，在文化上更是自信包容。在这个时期，我们吸收了很多外来的音乐，与我们的传统音乐相融合，促成新的燕乐的产生。燕乐成为宋词创作传播必不可少的土壤。元曲更是如此，其本身就是那个时候的北方少数民族喜欢的音乐。

所以，音乐的这样一种多元文化融合过程，促成并丰富了诗歌的历史。诗礼乐不是故步自封一成不变的，它在继承传统的同时不断突破和创新，而这本身就是文化的传承发展。

让更多人有机会亲近传统文化

记　者　作为中国古代文学的研究者和传播者，您如何看待当下中华优秀传统文化传承发展的现状？

杨　雨　中华优秀传统文化的传承和发展，现在面临非常好的机遇。一方面是传播手段更加丰富，更加大众化，它真的可以飞入寻常百姓家，这在过去是不能想象的。中国的教育公平经历了漫长的历史发展，以前平民百姓没有受教育的条件。宋代以后这个情况发生了很大的改善，但依然做不到全民教育普及。而现在，全民教育普及让大众的审美水平、文化修养处于历史的最高点。同时，现在融媒体的传播手段让每个人都可以成为传播终端，而且相当便捷。传播的形式也非常丰富，搞笑的、有趣的、学术化的，你甚至可以在手机上看到一个大学老师课堂的全部过程。我们的视野也比以前更开阔，中西方文化的交流对话让我们可以站在不同的视角，去了解和推动不同文化的互鉴互补。

另一方面，现在无论是官方还是民间，整个教育体系都越来越意识到中华优秀传统文化对于中国人人格养成的重要性。所以无论从制度设计，还是学习条件，都提供了最好的资源，让更多的人有机会亲近传统文化。这几年我在全国各地出差时，经常看到老师带着学生在游学研学。比如说我们读白居易的《忆江南》，如果能够去杭州西湖边看一看，我相信孩子们马上会爱上这组词，爱上西湖的水，爱上孤山的梅，拉近与传统文化的距离。所以，跟着书本去旅行，跟着诗词去旅行，这是以前的传统教育里很少提倡的，但现在我们有了学习了解传统文化更好的条件和契机，这是一个更好的时代。

碎片化阅读是好事，但远远不够

记　者　在这样一个更好的时代，您觉得文化传承发展还有哪些需要解决的问题或不足呢？

杨　雨　如果说有什么问题和不足的话，我觉得传播手段的进步是一把双刃剑。例如我们经常抨击的现象，抱着手机不看书，知识和信息的接收是碎片化的。

其实碎片化的阅读和信息接收，不光是对于中华传统文化，对于现在的任何知识信息都是这样。它有它的优势，因为我们确实有很多碎片化的时间，如果能把这些时间利用起来阅读未尝不是一件好事。比如说经常出差时，在等高铁、等飞机的过程中，可能就是半个小时，你让我捧一本大部头的专业书籍可能也看不进去，这时在手机里翻一条抖音，或者听一段音频书，时间就利用起来了，碎片化阅读本身不是件坏事。

坏事在于如果你仅仅满足于这些碎片化的信息，把它当作主要甚至全部，那是远远不够的。我说碎片化阅读是件好事，那是基于我已经有一个相对稳定、比较系统的知识结构，碎片化的信息填充对我来说是有益的补充。但如果没有建立起一个稳定和完整的知识结构，碎片化的信息只会让我们的思维更加混乱，好像你什么都懂，但其实你什么都不懂。我觉得这个是有害的。所以，我觉得对于传统文化的学习，首先要有一个系统和全面的了解，同时也不拒绝碎片化的阅读，这样就能更好利用现在传播手段的多样化和丰富性，来完善我们的知识结构。

跟不同的地域文化去对话和碰撞

记　者　四川与历史上许多著名的诗人词人都有密切的关系，您如何看待这些人物以及他们的作品与四川地域文化特点的关系？

杨　雨　陆游有两句诗"挥毫当得江山助，不到潇湘岂有诗"。虽然这两句诗是夸湖南的，但我觉得可以推而广之，那就是每个不同的地域，都有一些独特的文化元素，可以成为诗歌创作和传播的源头活水。

在整个中华文化发展历程中，四川无疑是最特殊的地域之一。特别是以成都为核心的四川盆地，有着四面环山的地理环境，像是一道屏障将四川保护起来。有了都江堰，造就了"天府之国"后，四川物产资源更加丰富，自古以来当中原发生战乱时，四川往往是首选的避难所，上苍眷顾之地。所以这里的文化保护与传承一直做得很好，孕育了许多伟大的人物与作品。

安史之乱后，杜甫来到四川，度过了他后半生中相对稳定的几年，也是他创作生涯的高峰时期之一。当忧国忧民的心境遇上安逸稳定的生活，让杜甫既能写出"安得广厦千万间，大庇天下寒士俱欢颜"，也能写出"好雨知时节，当春乃发生"，四川与杜甫真是相辅相成、相互成就。

又如李白，我觉得四川的地域文化是孕育李白这种豪放飘逸性格最重要的因素。在那个时代能写出"千金散尽还复来"的豪迈，必然与"天府之国"的富足、与他的家庭条件有关。四川周边多高山，重峦叠嶂之地很容易孕育出超现实的浪漫传说，在这样充满仙气的文化之中，李白最终成为那个"谪仙人"。后来的"坡仙"苏轼，他从眉山走出，同样受到类似的文化影响。所以你看李白和苏轼在个性上有很多相似相同之处，我觉得正是四川独特的地域文化孕育了中国历史上这些伟大的诗人，这是属于四川人民的文化自信。

四川拥有许多有巨大价值和影响的文化符号，诗词也是其中之一。在当代要传承发展好，我觉得需要凸显出自己的地域文化特色，跟不同地方的地域文化去对话和碰撞，凸显出个性。一方面从历史的传承去看待地域文化，另一方面通过横向比较，比如巴蜀文化跟湖湘文化、燕赵文化、江南文化的比较，凸显出巴蜀文化独特的地域特色。

（付真卿）

文化传承发展百人谈

13

提 要

- 良渚水利系统的发现，将中国的水利史一举上推到了5000年以前，无论在年代上还是规模上，都堪称世界之最

- 良渚古城遗址的发现，将中国乃至东亚地区文明的诞生前移到了5000年前

- 从全人类的文明进程而言，它为"文明诞生具有时间的同步性"提供了更多证据

- 良渚古城成功申遗后我们曾总结了两条经验——除了地方政府的强力推动以外，最重要的一个是浙江考古人具有强烈的责任感和使命感

刘斌

著名考古学家
良渚古城发现者

人物简介

刘斌，陕西西安人，著名考古学家，良渚古城发现者、发掘主持者。现任浙江大学艺术与考古博物馆馆长、中国考古学会常务理事、浙江大学艺术与考古学院教授。主要著作有《法器与王权》《良渚古城综合研究报告》等，在中国史前考古和玉器研究领域做出了卓越贡献。

在良渚探索5000年前的中华文明

2023年12月3日,首届"良渚论坛"在杭州举行。海内外学者再次表示,良渚遗址是中华五千年文明史的实证,是世界文明的瑰宝。

2019年7月,第43届世界遗产大会上,中国申报的项目"良渚古城遗址"正式列入《世界遗产名录》,就此表明这座距今5300年至4300年的古城所揭示的中华五千年文明史,获得了国际广泛认可。

从20世纪30年代发现良渚文化相关遗迹起,良渚的考古已经走过80多年。从20世纪80年代良渚发现反山、瑶山高等级墓葬,出土了玉琮王、玉钺王、玉璧等重要文物,发现祭坛,到后来发现莫角山宫殿区、良渚古城,找到规模宏大的水坝、稻米堆积如山的粮仓等,一个个重大发现的背后,都有刘斌的身影。为了揭开良渚文明的面纱,他不仅一次次辗转于各个考古工地,更在工地上修建的临时工作站一住就是10年。

2023年11月,刘斌在浙江大学艺术与考古博物馆接受了四川日报全媒体

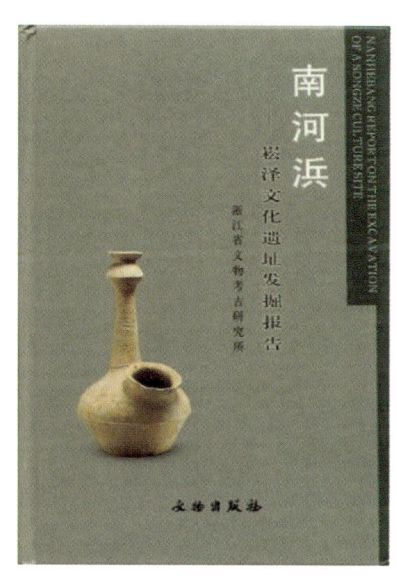

2005年出版的《南河浜——崧泽文化遗址发掘报告》一书,奠定了崧泽文化研究的基础,确立了崧泽文化的分期标准和断代标尺

"文化传承发展百人谈"大型人文融媒报道记者的专访，揭开了考古人在良渚以不可辩驳的考古材料实证中华五千年文明史的探索历程，再次展现了中华文明的源远流长和博大精深。

刘斌2018年主编并主要撰写出版了《良渚古城综合研究报告》。该书是良渚古城及良渚遗址30多年考古发现的综合研究专著。2019年，该书获评钱学森城市学金奖和全国文化遗产十佳图书

刘斌2019年组织完成了第一本良渚文化的图画书《五千年良渚王国》

◆ 入行一年

发现良渚玉琮王

2023年的中秋国庆双节大假，良渚古城遗址再度迎来如潮游客。遗址公园新增了"莫角山朝圣之路AR体验项目"，人们可以在全景沙盘前与

莫角山宫殿"合影",也能看到反山王陵、瑶山祭坛以及良渚水坝等重要遗址。

出土良渚玉琮王的反山12号墓地,当年便由刘斌亲自发掘。

刘斌是陕西西安人。西安不仅是十三朝古都,还发现了新石器时代的半坡遗址等重要遗址,可谓历史悠久、底蕴深厚。得益于中学时期的班主任喜欢考古,彼时的刘斌曾多次前往兵马俑坑、半坡遗址以及陕西历史博物馆等地参观,在悠久历史的熏陶下,一颗热爱考古的种子在他心中生根发芽。高考时,刘斌所有志愿全部填了考古专业,最终顺利被吉林大学考古专业录取。1985年,大学毕业的刘斌被分配至浙江省文物考古研究所,从此开始了和良渚长达30多年的"亲密接触"。

"作为一个考古人,我比较幸运。"回顾考古生涯,刘斌如是说。

在他毕业被分配到浙江之前,浙江迟迟未能发现良渚的玉器和大墓。"良渚文化是考古学泰斗夏鼐先生在1959年以最早发现相关遗存的所在地良渚镇命名的,然而几十年来,包括上海、江苏等地都发现了良渚文化的高等级墓葬和重要玉器,作为命名地的良渚,迟迟未有重要发现,大家心里非常着急。"

转机在1986年出现。那是良渚文化发现50周年,江浙沪三地准备筹办一个良渚文化学术研讨会。浙江究竟有没有良渚文化的大墓?考古人员缜密梳理以往考古线索,再结合上海发现的良渚文化高等级墓葬的特点,最终选择在杭州余杭的反山进行发掘。

这是一个人工堆筑的巨大土墩,当考古人员层层剥开泥土,清理出11座汉墓以后,良渚文化大墓——第12号墓终于出现在大家面前。

作为科班出身的考古人员,刘斌被考古所的前辈委以重任——带头清理12号墓。因为墓里的玉器,有的如米粒大小镶嵌在漆器上,有的玉料则极薄,稍微用力就会断掉,需要过硬的专业知识才能避免文物被损坏。这是一座竖穴土坑墓,刘斌和同事用木板制作了一个简易的悬空操作台,趴在木板上进行文物提取。每一个手铲铲下去,都充满期待与好奇;而每发现一件新文物,都让他无比激动。尤其是重达6500克的玉琮王清理后露出完整的神徽图案,那一刻年轻的刘斌兴奋无比。

"这是一种如见古人的感觉。"刘斌说,考古人发掘几千年前的墓葬时,除了随葬品基本就只剩下人骨,有的连人骨都没有,"他们长什么样?穿什么衣服?其实很难想象。这件玉琮上的神徽,让人不由去想象他就是当时人们心中王的样子,让我们对5000多年前良渚人的形象有了依稀的认知。"

良渚文化遗址出土的玉琮、玉鸟和嵌玉漆杯

此后反山的发掘一共清理了11座良渚文化的大墓。除了玉琮王，还发现了同样刻有神徽图案的玉钺王、玉璧等重要文物。而12号墓葬，是迄今为止发现的良渚文化中最高等级的大墓。

◆ **顺藤摸瓜**
发现良渚古城

在发现反山大墓次年，考古人员又发现了瑶山遗址，参加此次发掘的刘斌见证了良渚文化祭坛的重见天日。此后，莫角山遗址在1992年被发现。这是一处面积约30万平方米的高地，考古人员推测属于良渚古城的宫殿区，是良渚文化的政治、经济、文化中心。到20世纪90年代末，良渚周围方圆50平方公里的范围内发现了100多个遗址，和现在的村庄密度相差无几。

"这些遗址之间有无关联？存在一种怎样的组合关系？"考古人员一直在思考。2006年，莫角山遗址西侧约200米处的瓶窑镇葡萄畈村要新建一处居民安置点，施工中意外发现一条良渚文化时期的古河道，河道淤泥里倒有良渚时期的小块玉料、漆木器碎片等垃圾。在对河道进行局部解剖时，刘斌在离地表约3米深处发现了一层石头地基。石头上面3米多的堆土，也是较纯净的黄色黏土，不见人为扰动痕迹。从考古的专业角度而言，可以确定这处河岸是人工堆筑的，并且是在短时间内一次性堆筑而成。

这个发现引起了刘斌的格外关注。这条南北向的河道与莫角山宫殿区相距仅约200米，刘斌怀疑，这处距离宫殿区不远的河岸，可能是宫殿区外的城墙，也有可能是良渚文化时期的苕溪大堤。"当时良渚已经发现了高等级大墓和象征权力的玉器，那良渚究竟有没有迈进国家的门槛？除了国际上常见的城市、文字、金属这文明三要素，如果能够找到良渚的超大型工程，也能间接证明良渚进入了国家形态。那么，这个人工堆筑的遗迹，究竟是什么呢？"

刘斌很快向国家文物局申请了专项调查。2007年，他带队先是发现了长1000多米、宽约100米、高三至四米的一段人工遗迹（后来证明是良渚古城的西城墙）。到了9月，再度发现了一段800多米的墙体，尤其值得一提的是，墙体的南面是五六十米宽的水面，北面是水稻田。由此可见，它并非堤坝。到了11月，古城的南城墙发现，所有墙体大致合围——它们不是堤坝，而是良渚古城的城墙！

"这是长江下游第一次发现新石器时代的城，也是良渚首次发现城。"古城城墙东西约1700米、南北约1900米，总面积达到了大约330万平方米，相当于4个故宫那么大。在当年发现良渚古城的新闻发布会上，曾提出中华文明"重瓣花朵"格局的著名考古学家、北京大学教授严文明直言，"良渚古城的发现，改变了良渚文化文明曙光初露的原有认识，标志着良渚文化已经进入了成熟的史前文明发展阶段。"

到了2010年，刘斌又在良渚古城的外围发现了外郭城。以此计算，良渚古城面积达到了6.3平方公里。

◆ **发现水坝**

将中国水利史上推至五千年前

良渚古城的发现，一举入选当年的全国十大考古新发现。学术界认为，这是中国考古界继发现殷墟之后的又一重大成果，极大地推动了中国文明史研究的进程和考古学发展。考虑到古城不可能孤立存在，周围一定有相关配套设施以及不同等级的聚落，刘斌和同事们在发现良渚古城之后，再度开启了更加细致的调查发掘，更多重磅发现纷至沓来。

其中最为公众熟悉的就是发现良渚超大型水利工程——良渚水坝。

"事实上早在20世纪90年代末，浙江考古人就曾在良渚古城北侧约两公里处发现过一条人工营建的长堤。但是这条长堤和良渚人有没有关系，因为没有展开发掘，当时尚无结论。"刘斌透露，到了2009年，104国道附近一座叫岗公岭的土山要修建市场，十几米高的土山挖到一半时，突然发现土山的外层是黄色黏土，里面则是青灰色的沼泽泥，很像战国高等级墓葬使用的青膏泥。得到消息的刘斌带队前往察看之后，发现这里其实是一处堤坝，其功能是把两个山头连起来封住一个山谷。

但它究竟属于什么年代？刘斌迟迟没有答案。

当年年末至次年春节，良渚大雨导致岗公岭一带暴发洪水。一直牵挂着此处的刘斌过完春节便再度前往现场，结果洪水居然从土山的断面冲出了一块块草裹泥。这个发现，让刘斌喜出望外。因为用草直接包裹泥土堆筑的工艺和良渚文化非常相似。他立刻电话通知北京大学考古文博学院的老师前往取样。测年结果显示：水坝距今约5100年，属于良渚文化早期。不久，他们又在附近发现了类似的多条水坝，组合起来，可以在此处拦出一座水库。

良渚人为何会在距古城8公里外修一座水库？2013年，刘斌的困惑终于有了答案。这一年，他和团队通过进一步的考古钻探，发现了良渚水坝的低坝系统。"也就是说，良渚迄今发现了总计11条水坝。其中高坝围成水库，低坝就拦成一个面积约13平方公里的湖，中间有长达5公里的导流渠。"待所有的水坝被发现，考古人员不由惊叹于良渚人的奇思妙想和建造的伟力，"良渚的上游是山区，有大量木头。修建良渚古城时通过水坝调节水位，就形成了一条水路运输的通道，可以直接将建筑材料运到城内！"良渚水利系统的发现，将中国的水利史一举上推到了5000年以前，无论在年代上还是规模上，都堪称世界之最。

从良渚工作站站长到浙江省文物考古研究所所长，刘斌曾经在长达10年的时间里以工地为家。正是以拼命三郎的精神，他带领团队陆续发现了良渚水稻田、粮仓等重要遗迹，并且搞清楚了良渚古城千年来的变化。

时至今日，刘斌的身份虽然已是高校教授，但他表示未来的研究对象仍是良渚，"我还有很多考古报告要写，有很多研究要做。今后的主要精力，就是用研究展示良渚更加丰富的面貌。"

良渚遗址实证了中华五千年文明史真实可信

良渚遗址是实证中华五千年文明史的圣地

记　者　良渚遗址是实证中华五千年文明史的圣地。从现有考古材料来看，良渚在哪些方面进行了实证？

刘　斌　良渚文化从1936年施昕更先生发掘良渚镇所在的棋盘坟遗址到现在，已经过去了80多年。从20世纪80年代开始，良渚考古进入了快车道。以牟永抗、王明达为代表的几代浙江考古人相继在这里发现了良渚文化的大墓、祭坛、莫角山宫殿区、古城，国家储备粮食的粮仓以及超级工程水坝，无一不表明此时的良渚已经具有了国家形态，进入了高度发达的文明。

在良渚，我们并没有发现青铜器和文字，但是发现了玉琮、玉璧、玉钺等玉礼器。此外，良渚古城显然已经进入了国家形态，只有出现一个强大的权力中心，才可能组织修建城墙、水坝等超级工程。

良渚古城的城市规划面积超过100平方公里。在5000年前要在这么大的范围内统一规划兴建城市，完全超出我们的认知。最关键的是，这个国家的资源调动能力相当惊人。我们曾经估算过，修建良渚古城外围水利系统和整个古城墙需要1000万立方米出头的土石方。在5000年前，如果按开挖、运输、填筑1立方米土石方需要3个人工/天计算，修筑城墙和所有的水坝大约需要3000万个人工。如果要组织1万人来建造，那就需要他们连续不断修建8年多。在5000年前，只有一个强盛的国家，才可能进行这么复杂的规划设计，才能调动这么多的人力、物力持续进行工程建设。

事实上在良渚发现古城和水坝以后，不断有国外的考古学家到良渚参观。在这些超级工程面前，他们无不感叹：如果这都不算文明，那什么算文明！

记　者　2019年，良渚古城遗址申遗在第43届世界遗产大会上获得全票通过。它的申遗成功有何意义？

刘　斌　良渚古城遗址申遗成功，证明了中华五千年文明史获得了国际广泛认可。我认为它不仅对于延伸中华文明的历史轴线有意义，从世界文明的研究角度而言也意义重大。

我们知道人类社会经过几百万年的发展演变，在距今约5000年的共同时间节点开始诞生了文明。在尼罗河流域、印度河流域、两河流域，文明不断诞生，产生了人神共治的神王之国。然而这些人类早期文明中，以前并没有东亚地区。良渚古城遗址的发现，恰好证明了东亚地区在这个时代同样诞生了一种文明。它将中国乃至东亚地区文明的诞生前移到了5000年前。从全人类的文明进程而言，它为"文明诞生具有时间的同步性"提供了更多证据。

不仅如此，在世界文化遗产名录中，来自西亚、埃及、印度河流域的人类早期文明，它们留下的遗产全是砖石结构建筑，生态和良渚有很大区别。而良渚古城遗址的土木建筑形态，为文明的差异性提供了实证：在5000年前的长江下游地区，这个临水而居的东方文明，创造了以土木建筑为主要特色的一种模式。所以在当年申遗的时候，世遗专家不仅全票通过了良渚古城遗址的申报，更有专家发言感谢中国为世界遗产提供了一个独特的案例。所以，良渚古城遗址完全无愧于实证中华五千年文明史的圣地的称号。

考古让良渚的面貌更加鲜活

记　者　良渚数十年的考古发掘成果，可以还原良渚时期的哪些面貌？

刘　斌　良渚古城的百姓应该是临河而居，贵族和王则居住在古城的正中央，也就是莫角山遗址一带。当年的良渚人在这里用夯土筑起一片约30万平方米的台地，在其上修建了巨大的宫殿。根据夯土台基的范围，可以推测最大的房屋面积有900平方米左右。目前我们在宫殿区已发现了30多个这样的房基。

　　良渚的交通完全是水路，出门就是河。这里的稻作农业很发达，老百姓主要吃稻米。良渚的石器也很发达，我们曾出土了石犁和石镰，它们是良渚稻作文明的基础。

　　良渚人临水而居，鱼类应该是其肉食的来源之一。但根据我们从良渚古河道找到的40多种动物骨头，发现其中80%是猪骨头，这证明良渚人的肉食来源主要应该是饲养的家猪。

　　当然，良渚的玉器非常发达。除了用于祭祀的玉琮、玉璧和标志权力身份的玉钺等，还发现了各种玉饰。良渚人也已开始使用漆器，其上有精美纹饰，并且已经制作漆器觚形杯。他们的服装应该也比较讲究，因为发现了衣物装饰用的玉带钩。

　　尤其值得一提的是，良渚的玉文化在中华文明的历史上写下了重要一笔。中国传统文化中敬天礼地的玉琮、玉璧这两种重要的玉礼器都是良渚人发明的，并且根据史料记载至少传到了商代。不仅如此，这种玉文化还跨越时空，在距今4000年左右向西传到了陕西的石峁、山西的陶寺、广东的石峡遗址等地，玉文化在一个更大的文化圈得以传承。甚至在更晚的古蜀文明时期，良渚的十节玉琮还在成都金沙遗址被奉为珍品；三星堆的祭祀坑里同样发现了神树纹玉琮，玉礼器的观念传播到了中国西南。

记　者　良渚古城的发现和考古，除了实证中华五千年文明史，还有哪些意义？

刘　斌　我个人认为对我们考古界来说，有一个解放思想的推动作用。在很长一段时间里，我们通过考古在黄河流域发现了仰韶文化、龙山文化，总的来说学术界认为黄河是中华文明的摇篮，中国文化的中心。后来浙江发现新石器时代的河姆渡遗址，改变了黄河中心论的理念。当良渚发现了反山王陵以及莫角山宫殿区，考古人员也只是推测江南地区潮湿，所以人们堆高土台在上面生活，不会想象外围还有更大的城。当我们最终在良渚发现了内城面积就达300余万平方米的古城，其实完全冲破了考古人原来的设想。我们没想到新石器时代竟然有这么大的城！所以后来包括湖北石家河、陕西石峁、四川三星堆都在这以后发现了城或者实现城墙的合龙。可以说良渚让考古界解放了思想，坚定了寻找更大古城的信念。

申遗成功离不开考古人的付出

记　者　良渚文明延续了1000年，这座庞大的古城最终为何消失？

刘　斌　良渚在距今4300年左右，文化面貌已经开始发生转变，从良渚文化变成了钱山漾文化，但当时古城还在。在距今4200年至4100年之间，也就是大禹治水的年代，当时全球出现持续变冷变干的极端天气，在中国表现为广发洪水。长江流域暴雨成灾，同时钱塘潮也不断涌入良渚，洪水无法退却，渐渐这块盆地就不再适合居住和耕种。这个过程持续的时间非常长。我们考古发现良渚的洪泛层有一米多厚，解剖开来像千层饼一样，里面还发现了海洋生物有孔虫。所以古城消失后的两千年里，这片区域只有靠近山区的地方有遗址，平原地区就没有人类活动，直到战国时期人们才重新走进这里生存繁衍，这也成为良渚古城能够完整保留下来的重要原因。

记　者　如今四川三星堆遗址也在积极准备申报世界文化遗产，良渚的成功申遗有无可供借鉴的经验？

刘　斌　良渚古城成功申遗后我们曾总结了两条经验——除了地方政府的强力推动以外，最重要的一个是浙江考古人具有强烈的责任感和使命感。像反山、瑶山发掘以后，正是考古人意识到它们的重要性，拼命呼吁政府把地块买下来，想的就是以后这里说不定会建成博物馆。后来莫角山宫殿区发现后，为了保存下来还推动了国道改线。如果没有考古人的超前意识和责任感，这些地方或许就消失了。如果当良渚古城发现以后，古城内已经是一片没有遗迹的空心，也不可能申遗成功。

　　世界遗产评的是不可移动遗产。三星堆遗址祭祀区的考古相当成功，青铜器、金器、玉器、象牙等丰富的出土文物让我们能直观感受到三星堆曾是一个相当发达的国家，那么在祭祀区以外，或许还可以有更多的认识，比如王陵区、手工业作坊区等三星堆古城的更多分区布局，甚至包括城外也要有更多认识。三星堆的周边如今还相对空旷，如果能把相关考古勘探工作做到方圆1000平方公里，搞清楚几千年来甚至一万年来这个区域的演变，相信会有更多新的认识和发现，也能为三星堆申遗提供更多更扎实的材料。

（吴晓铃）

文化传承发展
百人谈

14

提 要

- 中国考古博物馆致力于打造展示中华文明的国家窗口，集中展示五千多年中华文明与统一多民族国家形成和发展的历史

- 从事博物馆工作，一是要面对古人，二是要面对今人。博物馆人就是古与今、小众与大众之间的桥梁

- 当前社会经济快速发展，人民群众对历史文化、历史知识的渴求与日俱增，我们有义务把高深晦涩的史学研究成果转化成人民群众喜闻乐见的普及性资源

- 博物馆展览应该是思想性与观赏性的有机结合，在传播知识的同时，启迪民智

巩文 | 中国考古博物馆馆长

人物简介

巩文,中国历史研究院中国考古博物馆馆长,硕士生导师。主要研究方向为考古学、文物与博物馆。组织策划"历史中国鼎铸文明——中国历史研究院文物文献精品展""从长安到宛都——中乌联合考古成果展"等一系列重要展览。荣获"2020年度中央和国家机关三八红旗手"荣誉称号。编著有《十件文物里的中国故事》《殷墟九十年考古人与事(1928—2018)》等。担任《中国大百科全书》第二版、第三版考古文物学科秘书、特约编辑、分支主编。

做好研究阐释　打造展示中华文明的国家窗口

14

兴隆洼文化玉玦，新石器时代，距今约8200年至7200年；妇好铜箕形器，商代晚期，距今约3000年……中国考古博物馆，展览主题为"历史中国鼎铸文明"，常设展厅7000多平方米，展品6000多件。沿着北京中轴线的北延长线，走过连通古今的"文化之脊"，建筑外形似鼎如尊的中国历史研究院主楼扑面而来。院内的中国考古博物馆，是我国第一家以考古命名的国家级专业博物馆。

中国考古博物馆里展出的龙形脊饰（砖瓦）

中国考古博物馆自2023年9月15日正式向社会公众开放以来，观众表现出极大参观热情。中国考古博物馆馆长巩文介绍，馆内展品以考古发掘出土文物为主，兼及珍贵古籍、档案文献，以"仓储式陈列、沉浸式体验"为设计理念，让观众体验历史，产生情感共鸣，激发观众对中华文明的自豪感和自信心。

"中国考古博物馆致力于打造展示中华文明的国家窗口，集中展示五千多年中华文明与统一多民族国家形成和发展的历史。"巩文说，作为新时代考古工作者，有责任做好考古研究阐释工作，有义务把中华民族对人类文明的重大贡献更加清晰、生动、全面地呈现出来，更好发挥以史育人作用，让全世界更加深入了解中华文明和中华民族精神。

◆ 为增强文化自信提供历史支撑

中国历史研究院主楼气势恢宏，硕大的篆书"史"字高悬于外墙。2023年11月2日下午，记者走进中国考古博物馆。从序厅开始，映入眼帘的是镌刻着《千里江山图》的"历史大门"，门后是标记中国历史发展重要节点和重大事件的"历史大道"。抬头仰望，则是象征中华文明源远流长、博大精深的"历史星空"。

在巩文看来，中国考古博物馆的建设是顺应社会发展的必然。自1921年仰韶文化发现以来，中国现代考古学走过了百年历程。100多年来，几代考古人筚路蓝缕、不懈努力，取得了丰厚成果。特别是习近平总书记关于考古工作的重要讲话、指示，极大地激发了历史、考古、文化遗产工作者的积极性。这个时候，需要一座中国考古博物馆去展示具有当代价值、世界意义的中华优秀传统文化精华，展现社会主义核心价值观的历史基因，呈现中国古代治国理政智慧，为增强中国特色社会主义文化自信提供历史支撑。

2019年1月3日，中国历史研究院在北京挂牌成立。随后，中国考古博物馆的筹建工作紧锣密鼓地展开。2019年12月底，中国考古博物馆开始内部试运转与修改完善，2023年9月15日，正式面向社会公众开放。

作为中国考古博物馆筹建工作的主要参与者，回顾整个过程，巩文十分感慨。"策划之初，中国历史研究院集结中国社会科学院考古研究所、古代史研究所、近代史研究所、历史研究杂志社、中国边疆研究所等，以及中国社会科学院文学研究所、外国文学研究所、马克思主义研究所的几十位优秀中青年专家学者为展览出谋划策，研讨定位。"巩文说，仅展陈大纲就有10多人参与撰写，精研十稿，文案反复修改，多位中国社会科学院学部委员、老一辈专家学者审阅并提出中肯意见。

如今走进馆内，公众看到的是精心设计的恢宏展陈：基本陈列以"历史中国鼎铸文明"为主题，以绵延5000多年而不断裂的中华文明和统一多民族国家形成与发展历程为展陈主线，以中国历史研究院珍藏考古研究所考古发掘出土文物标本精品和专题档案文献精华为主要展品，分为"文明起源""宅兹中国""大国一统""和融万方""民族觉醒"五个专题。

"中国考古博物馆重点展示了从旧石器时代到近代不同时期中国的政治、经济、文化、社会生活以及中外交流状况，呈现中华民族悠久、深厚的文明积淀，以此充分发挥中国考古博物馆知古鉴今、资政育人的作用。"巩文说。

◆ 将中华文明更加鲜活地展现出来

"博物馆是特殊的文化场所。"巩文说，中国考古博物馆自建设启动以来，就一直在探索怎样用考古成果讲好中国故事，传播好中华优秀传统文化。

最终，中国考古博物馆以"仓储式陈列、沉浸式体验"为设计理念，创新展陈方式。与其他馆的展示略有不同，中国考古博物馆在结合独立展柜多角度展示典型器物的同时，更将同一遗址、墓葬或主题下的文物，以展柜展架密集式陈列。比如，关于陶器的演变，在一面墙大小的展架上，通过数十件陶器，展示其从素面到彩陶的发展变化。其中一个关于四川文物的展柜，里面展示了一组以陶象辂为中心的仪仗俑，它们出土于成都明代蜀王世子朱悦燫墓，展现明代亲王府的仪仗风貌。

"仓储式陈列是考古博物馆的学科特色表达。"巩文介绍，考古学的研究是整体地考察一定时间内、分布于共同地区，并且具有共同特征的一群遗迹、遗物，即按照考古学文化来研究，着重于遗迹和遗物的系列和类型，而不是孤立地、鉴赏式地研究单个器物，这就要求考古博物馆的陈列要以考古学文化、重要的考古学遗址来组织陈列展示。如此，精品文物与成组器物有机融合，线图描绘与图版说明相辅相成，使参观者不仅可以细赏珍品之美，还能了解到文物所处时代的社会背景和历史脉络。

沉浸式体验，则是给观众营造视觉、听觉、触觉等全方位的文化体验，让观众在当下的氛围中感受历史。

展厅里，一件距今大约4800年、出土于安徽蒙城新石器时代尉迟寺遗址的大口陶尊被置于入口显眼位置。它的特别之处在于上面有"日""月""山"的形态刻画符号，史学界认为这和汉字起源有一定关联。

为了让观众能更直观地看到这些符号，馆里通过3D扫描，对大口陶尊刻符的细节进行数字化"重描"，观众可以点击OLED显示屏进行观看。

"文明起源"展区，重点展示从旧石器时代到新石器时代中国文明发展的历程。巩文说，这是团队最花心思的展陈区域之一。

走进展区，岩石洞窟的环境布置让观众"穿越"到了史前时代。石器文物展柜前设置有触摸屏，点击后会出现一部动画短片，展示石器的打制过程以及使用方式。

"这个区域是小朋友最喜欢的，能在博物馆里完成一种历史教育的启蒙，也是我们的初衷。"巩文说，数字技术让文物"活"起来，这样的设置馆里有很多。在甲骨陈列区，观众可以通过多媒体设备体验商人占卜的过程；在展示隋唐洛阳城考古成果时，设置了隋唐洛阳城定鼎门外含有车辙、骆驼脚印等的道路模拟场景。

不仅如此，在馆里还可以"触摸"历史。在陶瓷展区一个展柜上，放置了一些商周时期的陶器残片，上面还有考古挖掘时登记的编号，透过展柜上预留的小孔，观众可以亲手摸到这些陶片，感受上面的纹理，"一摸3000年"。在农业起源展区，透过斜置的放大镜，可以看到一管管黑色的小颗粒，它们是来自上万年前的炭化大豆、炭化小麦、炭化糜子、炭化大米等。

"沉浸式体验是我们在展陈策划中努力实现的目标。通过视频、多媒体互动、场景模拟等多种手段和方式，将博大精深的中华文明更加鲜活地展现在观众眼前。"巩文说。

◆ 做好古与今、小众与大众之间的桥梁

在巩文看来，中国考古博物馆建立的重要意义之一，是让长期沉寂于库房里的古老文物与民众见面，"讲述"中华文明的悠久历史和辉煌成就。"这是新时代考古工作者的责任所在。"巩文说。

1989年，巩文毕业于西北大学历史系考古专业。此后的30多年里，她先后做过田野考古、考古编辑、考古科研管理，并策划过多场重要文物、考古展览，但是从事博物馆工作还是第一次。

对此，巩文感触颇深。她说，做博物馆工作之前，觉得自己只是一个做学术的研究者，跟大众的关联度很低。从事博物馆工作，一是要面对古人，二是要面对今人。博物馆人就是古与今、小众与大众之间的桥梁。

工作之余，巩文经常会到馆里走走看看，和观众聊聊天，听听他们的感受和建议，"如果观众来到中国考古博物馆，看完展览后能有所收获，能进一步坚定文化自信，就是我们最大的成功。"

为了"让文物'说话'、把历史智慧告诉人们，激发我们的民族自

豪感和自信心"，巩文又组织编写了历史普及读物《十件文物里的中国故事》。

作为该项目主持人，巩文为该书付出了很多心血。首先是挑选文物，要从全国的文物中选取10件不同时期、不同质地的典型器物，从不同侧面展示5000多年璀璨辉煌的中华文明。其次是选择写作者。巩文尽可能找到这些文物背后最资深的研究者。比如，考古学者许宏撰文介绍的"超级国宝"绿松石龙形器，正是他担任二里头遗址考古队队长时出土的；写"五星"织锦的作者于志勇，是新疆博物馆馆长，也是"五星"织锦的考古发掘亲历者之一；介绍《清明上河图》的作者余辉，曾任故宫博物院书画部主任，从事古代绘画鉴定与研究30余年。

《十件文物里的中国故事》是一部由中国考古学家、历史学家通过国宝级文物讲述中国历史故事的大众读物

《十件文物里的中国故事》2022年10月出版后，受到社会各界读者的广泛好评，至今已加印2次，并已翻译成英语，即将在海外发行。"在书中，学者们将专业性的、前沿性的史学研究成果以通俗易懂的语言娓娓道来，讲述文物的发现、历史，及其蕴含的中国理念、中国精神、中国价值。"巩文说，"当前社会经济快速发展，人民群众对历史文化、历史知识的渴求与日俱增，我们有义务把高深晦涩的史学研究成果转化成人民群众喜闻乐见的普及性资源。"

这些文物构筑了中华文明的时空坐标

思想性与观赏性的有机结合

记 者 馆里的展陈分为五个专题。能否介绍一下设置这五个专题的思路?

巩 文 博物馆展览应该是思想性与观赏性的有机结合,在传播知识的同时,启迪民智。因此,展览策划的思想性尤为重要。中国考古博物馆的展览自始至终贯穿着5000多年来同一个国家、同一群国民、同一片国土的不断裂的主题,以发掘出土的实物标本、考古学术研究成果为依据,结合田野考古的典型遗址、墓地,深入浅出地将专业语言进行大众化解读。

展览的主导思想有以下几个方面:

一是关于中华民族文化自信的历史依据。展览中,通过一件件一组组文物的展示,讲述中华民族灿烂辉煌的文明故事。专题一"文明起源",围绕中华大地是人类的重要起源地之一、中国是世界上为数不多的几个不受外界影响而独立形成早期国家文明的地区之一展开,以旧石器时代和新石器时代的考古发现与研究为脉络,回答中国人从哪儿来、中华文明怎样产生等问题。专题二"宅兹中国",以夏商周三代王朝的开启,揭开华夏文明的新篇章。成熟的文明形态、文字系统、礼乐制度、青铜文化等都昭示着中华文明民族风格、价值取向、思维方式、文化格局,以及审美情趣、行为模式等的形成。数千年来,中华民族走着一条不同于其他国家和民族的文明发展道路。

二是关于中国古代治国理政的智慧贡献。在漫长的历史演进中，中华民族积淀而成的治国理念，促进了统一多民族国家的形成与发展。在展览的策划过程中，中国古代治国理政的智慧由中国历史研究院的优秀学者着力提炼。专题三"大国一统"，通过丰富多样的出土文物、古籍文书档案、先进的多媒体手段等多种方式诠释历代疆域变化、中国古代都城发展演进、治国理政体系、物质文化发展等，展现我国悠久深厚的政治文明和治理传统。

三是关于现实热点问题的历史观照。在展览设计中，关注当下、服务社会也是中国考古博物馆的宗旨。专题四"和融万方"，将中国社会科学院考古研究所、古代史研究所、近代史研究所、中国边疆研究所等田野发掘与课题研究成果，诸如当下备受社会关注的热点——人类命运共同体、丝绸之路、闽台关系等以展览的语言予以呈现，充分展示东西方文明在商品流通、经贸繁荣的同时，人文交流、科技互动、宗教传播贯穿始终，世界各国人民在文化多元交汇、文明包容共存中，缔造出和而不同、各美其美、美人之美、美美与共的共同价值取向，凝练成"和平合作、开放包容、互学互鉴、互利共赢"的伟大精神。

四是关于中国道路的历史必然性。中国道路是中国人民的选择，是中国历史发展的必然。专题五"民族觉醒"，通过展示近代以来，"洋务运动""戊戌变法""辛亥革命""五四运动""马克思主义传入中国""中国共产党成立""马克思主义在中国的传播"等重要历史事件，告诉人们中华民族走上中国特色社会主义道路，且一定要走这条道路的历史必然。

展陈突出中华文明五个突出特性

记　者　中华文明具有五个突出特性，中国考古博物馆是如何展现这五个突出特性的？

巩　文　首先是中华文明的连续性。在中华大地上，有百万年的人类史、一万年的文化史、五千多年的文明史……首先我们从百万年前的人类起源讲起，从旧石器时期进入到新石器时期，从夏商周到秦汉大一统形成，一直延续到中国共产党成立，展品涵盖远古到近代的各个时间段，充分展示了中华文明的连续性。关于创新性，首先体现在陶瓷的起源上。按照现有的考古依据，中国是世界上陶器起源最早的国家。先人们在水、土与火的相遇中创造了陶瓷，我们的展品中有很多来自不同时期、不同区域的精美陶瓷，其中呈现的繁复工艺是中华文明创新性的一个缩影。此外，先民对猪、狗等动物，水稻、粟等农作物的早期驯化，也体现了一种创新性，这些我们都有展示。

　　　　统一性，是贯穿在整个展示中的。从石器时代到夏商周，文明发展的过程就是文化汇聚的过程。在专题三"大国一统"中呈现得尤为明显，我们在这一部分通过历代疆域变化、中国古代都城一脉相承的规划布局来展现统一多民族国家形成与发展的过程。

　　　　中华文明的包容性与和平性则更多地体现在专题四"和融万方"中。我们以丝绸之路和海上丝绸之路为立足点，展示的是中华文明与其他世界文明的交流互鉴。

展示多元一体与"何以中国"

记　者　在中国考古博物馆里，如何体现中华文明的多元一体？

巩　文　关于中华文明的多元一体，在我们展陈中也是贯穿始终的。比如在专题一"文明起源"中，我们重点展示了以长江流域、黄河流域以及西辽河流域为代表的中华文明三大源头，在史前时期它们如何既各具特色发展又互相影响交融共进。在长江、黄河流域，我们又分别展示了上、中、下游不同区域的文明进程。

　　　　"文明起源"之后，从夏商周一直到秦汉时期，这种区域之间的文化互动都有呈现，观众可以直接地感受到中华文明产生、形成、成熟的历史发展过程。

记　者　"何以中国"是考古学界展示中国悠久文化的命题，为此国家也支持启动了一些重大科研项目。中国考古博物馆如何向公众展示这些研究的最新成果呢？

巩　文　中华文明是世界文明中唯一绵延不断并以国家形态发展至今的伟大文明。1996年，国家正式启动"夏商周断代工程"，中国社会科学院考古研究所是重要参与单位之一。2004年春，"中华文明起源与早期发展综合研究"项目正式启动。该项目也被称为"中华文明探源工程"，是继"夏商周断代工程"之后，又一项由国家支持的多学科结合、研究中国历史与古代文化的重大科研项目。

在我们的展览中，不仅充分吸收了"夏商周断代工程""中华文明起源与早期发展综合研究"的研究成果，同时对这两个重大科研项目本身也在展陈上予以介绍，向观众推介史学研究的最新成就。

"中华文明起源与早期发展综合研究"工作目前已经进入第五阶段。20年来，考古工作者用考古发现，实证中华五千多年文明史，明确了中华文明多元一体、兼容并蓄、绵延不断的总体特征。以后我们会根据最新的考古成果及时对展陈进行更新，通过中国考古博物馆这个平台向大众传播出去。

拥有丰厚文物"家底"

记　者　对中华文明做完整呈现，需要丰富的展品。可否透露一下中国考古博物馆的"家底"？

巩　文　中国考古博物馆的藏品主要来自中国社会科学院考古研究所。考古研究所于1950年建立，在这70多年里，发掘了大量重要的考古遗址。从空间看,我们的考古工作涉及全国近30个省份,具体的考古点位有上百个。从时间上看,这些考古遗迹的时间点则囊括了从石器时代一直到明清时期。像我们展厅中展示的陶寺遗址、二里头遗址、殷墟遗址、汉长安城遗址、唐长安城遗址、汉魏洛阳城遗址、隋唐洛阳城遗址等的考古工作还在持续进行,新的发掘成果还在不断涌现。

记　者　中国考古博物馆自对公众开放以来,几乎每天都是满约状态。未来,中国考古博物馆是否会走出北京,和地方馆联动?比如到四川去巡展,让更多人可以看到。

巩　文　现在中国考古博物馆对公众开放不久,有很多工作仍然在探索、完善中,等我们的工作步入常态化后,借展、巡展会逐步开展起来。

此前中国社会科学院考古研究所和四川有过多次展览上的合作。我也多次去过四川,同仁们的专业和敬业给我留下深刻印象。四川有一批非常热爱文博考古事业的专家学者和年轻人,在他们的努力下,四川文博事业发展迅猛。四川是考古大省,也是考古强省,三星堆、金沙、江口沉银、皮洛遗址等都是非常重要的考古发现,对于理解中华文明具有特殊的意义。四川的博物馆也独具特色,展陈质量高。四川的民众文史素养很好,也不断反哺文博事业。未来,我们期待和四川在文物研究、博物馆展示、展陈创新等领域开展多种形式的交流。

(王国平)

15 文化传承发展百人谈

提　要

- 从全人类的情况来看，口头文学才是"汪洋大海"，书写只是一小部分

- 今天的中华文化是一支"交响乐"。这支"交响乐"中有不同的"乐器"、不同的"噪音"。总之，是不同的文化因素，共同演奏出这样一个伟大的乐章

- 统一性不是同一性，而是说尊重差异，包容多样，不是我要把你变得和我一模一样

- 多样性和丰富性是正相关的关系，只有丰富多样，文化才能健康发展

- 中华民族的文明和进步，是与全人类联系在一起的。我们要与全世界的人民携起手来，共同推进人类文明的进步

朝戈金

中国社会科学院学部委员、文哲学部主任

国际史诗研究学会会长

人物简介

朝戈金，法学（民俗学）博士，哲学社会科学一级教授，中国社会科学院学部委员、文哲学部主任，学部主席团成员。国际史诗研究学会（ISES）会长、中国少数民族文学学会会长、中国蒙古学学会会长、中国民俗学会荣誉会长，美国民俗学会"荣誉国际会士"（2019）等。主要从事少数民族文学、民俗学、民间文艺学研究，有《口传史诗诗学：冉皮勒〈江格尔〉程式句法研究》《史诗学论集》《站在民众的立场上》《"全观诗学"论纲》以及"Oral Epic Traditions in China and Beyond"等著作、论文、编著、译著上百种。

在口头文学中感受故事的语词如何流淌

北京建国门,中国社会科学院附近的一个小区。中国社会科学院学部委员、文哲学部主任朝戈金的家就在这里。书架上,古今中外的史诗作品引人注目:《格萨尔》《江格尔》《玛纳斯》《吉尔伽美什》《摩诃婆罗多》……

在蒙古语中,朝戈金的名字意为"神采飞扬"。他几十年来以史诗为代表的民间文学、口头文学研究,同样称得上精彩纷呈。作为国际史诗研究学会会长,朝戈金将在国外获得充分发展的口头程式理论引入中国,并身体力行地进行在地化探索,在国际史诗学界发出了中国学者的声音。

"以前,大家总觉得'民间'在整个中国文学中不是主流。不过,这几年情况有所改观。"朝戈金拿出两本顶级学术期刊,2022年第4期《文学评论》和2022年第9期《中国社会科学》,他的两篇论文《论口头文学的接受》和《"全观诗学"论纲》都出现在刊物头条位置。"从学术期刊对待这个领域文章的态度就能看出,刊物也逐渐意识到这不是文学阵营中的'边边角角'。这里面讨论的很多问题,具有理论冲击力和国际前沿性,打开了一个新窗口。"

朝戈金的学术研究,经历了从作家文学、书面文学到民间文学、口头文学以及民俗学的转变。新世纪以来,非物质文化遗产保护在全世界范围内备受关注和重视,他的学术研究和事务性工作也日益产生社会效益,"通过中国学者的声音和想法,参与和推动全球的非遗工作。"

◆ 引介探索全新理论

从书面文学走向口头文学

朝戈金对文学产生兴趣，进而从事文学研究，一定程度上是受家风影响。

"我是在内蒙古大学校园长大的。"1958年，朝戈金出生在呼和浩特的一个知识分子家庭，他的父亲巴·布林贝赫是一名文学教授，也是著名的蒙古族诗人，被誉为蒙古族当代诗歌的奠基人。

由于家中有不少文学书籍，小学时，朝戈金阅读了大量的中外文学作品。高中下乡，朝戈金来到锡林郭勒盟牧区，跟牧民同吃同住同劳动，逐渐了解了他们的生产生活方式，学了一些蒙古族民歌，对民间文化有了很多直接的认识。"我们这代人跟'从课堂到课堂'的青年学者不太一样的地方是，我们真的就是民众中的一员，对民众的日常起居、生活法则、思想感情、信仰体系各方面都有直接的了解。"

这对朝戈金后来的学术研究影响很大。他不会去书生气地想象老百姓怎么讲故事，而是回到现实场景中，在现实生活中感知世间冷暖。"对这个场景的理解和对生活方式本身的理解，不是在文学课堂上读几本理论书就能代替的。"他从事口头文学，例如史诗、叙事文学的研究，对相关问题的看法都直接来自生活经验。

不过，在学术生涯的早期，朝戈金更关注的仍是老舍、张承志等中国现当代作家的文学，直到1995年夏天在芬兰参加民俗学暑校。"这个暑校，长期得到联合国教科文组织的支持，在国际民俗学界极有声望，给我打开了一个新窗口。我对那些新理论、新方法非常感兴趣。"也是在这个暑校，朝戈金见到了后来成为自己博士后指导老师的约翰·弗里教授。

那年秋天，朝戈金来到哈佛大学燕京学社做访问学者。哈佛大学是民间文学领域口头程式理论的摇篮，"花了不少时间来专门钻研这套理论和方法，觉得很有兴趣。"朝戈金先是学习、介绍这套理论，翻译出版了

《口头诗学：帕里-洛德理论》等著作和若干论文，后来又用这套理论做史诗研究。"用了三五年时间，在学术研究上完成'转身'，或者叫'换轨'。"

不过，在他看来，自己原有的相关知识训练，例如陪外国学者做田野调查，还有去芬兰参加民俗学暑校，都是一些零零碎碎的学习，不够系统和严谨。回国后，他前往北京师范大学，师从当时已年过九旬的民俗学泰斗钟敬文读博。其间，他接触到了季羡林、启功、张岱年等老先生。"听他们说话特别有趣，有一种超越俗常生活的情趣。有些东西，当时你不一定意识得到，但也许对你产生潜移默化的影响。"

◆ **跟踪文学生产传播过程**
与受众一起聆听感受

2000年，朝戈金完成学术研究上的一个突破。他的博士学位论文《口传史诗诗学：冉皮勒〈江格尔〉程式句法研究》，结合蒙古族史诗《江格尔》，通过将外来理论在地化，解决了中国自己的学术问题。

在他看来，此前国内的有些史诗研究存在误区，尤其是局限于以文本为中心，运用书面文学研究的方法从事口头文学的研究。"打一个很简单的比方，你在北京人民艺术剧院看于是之、黄宗洛他们演《茶馆》，和读《茶馆》的文学剧本的感受肯定是不同的。故事讲述也如此，听一个史诗的故事和读一个誊写下来的故事文本，感受也是不一样的。"

因此，与作家文学、书面文学相比，口头文学、民俗学研究需要更多维度。"口头文学的生产、传播和接受是过程性的，它存在于一个场域中，所以需要跟受众一起去聆听，才能真正感受到故事的语词是如何流淌出来的。假如你只看一个别人誊写下来的本子，就缺少了很多东西。"

这离不开大量的田野调查。由于史诗歌手大都生活在边疆地区，想要找到他们，免不了要跋山涉水，往往路途遥远而艰险。途中除了面临环境、气候、交通等考验,还要不时应对各种突发的意外情况。

"我很喜欢的一张照片,就是背着一个大行囊,骑马跨过一条小河的情景。这非常生动地反映了田野作业的一个侧面。"不过,在他看来,相比以前的中外学术前辈,这样的条件已经好了很多。口头程式理论的开创者们,"做调查的时候,录音装置非常沉重,需要用毛驴驮着。铝制的录音盘一个才能录几分钟,音质也不是很好。"

此外,书面写作有正字法、标准音,读者有什么不懂的地方可以查字典。民间的口头文学存在大量方言土语,"假如不在他们的文化中,有时你不知道他说的是啥。"难怪有学者专门做民间诗歌方言词汇的索引,逐词做注解。口头文学的叙事法则往往具有迷惑性,表面上说的是甲,实际上指的是乙,这被称为"传统指涉性"。

口头交流的法则给研究增加了难度,但这也恰恰是口头文学的魅力所在。进一步说,从口头文学观察书面文学,有助于加深对书面文学的理

朝戈金出版的著作

解，进而有助于观察、分析和理解今天的一些文化现象，譬如网络交流。

朝戈金说，从全人类的情况来看，口头文学才是"汪洋大海"，书写只是一小部分。"我们看互联网，看新的媒介技术，其实好多问题都是回到口头才能理解。例如，今天网络谣言的生成传播机制，还有网络语言压缩的方法，又如用一个事物指代另一个事物的办法等，其实都能在传统叙事中找到原型。"

◆ 贡献中国学者经验智慧
服务文化传承发展

长期从事口头文学研究，朝戈金自身在语言方面有优势。作为中国的一名蒙古族学者，他的汉语、蒙古语水平自不待言；由于经常参与国际会议、访学、交流等，他还练就了不错的英语能力。

从2008年起，朝戈金担任联合国教科文组织成立的国际哲学与人文科学理事会两届副主席，后于2014年当选并担任了两届主席。多年来，朝戈金积极投身国际学术活动，在众多国际场合，或作为政府代表、或作为中国专家、或作为国际组织负责人，参与了联合国教科文组织等各类国际组织的会议和活动。此外，朝戈金还多方面参与了国际、国家层面的非物质文化遗产保护、评估和政策制定等工作。

"把中国学者的经验智慧带进去，用专业知识服务国家的文化建设，服务全人类非遗保护实践中某些样本的树立。"在担任中国民俗学会会长期间，他大力推动中国民俗学与国际学界的对话和交流。可以说，中国民俗学界有了更多机会在国际上发声，有朝戈金的功劳。

在不少人眼中，朝戈金又"土"又"洋"。"前一天还在巴音布鲁克草原上做田野考察，睡毡房，挨蚊子咬；第二天又飞到巴黎，在联合国教科文组织总部发表见解，传递中国学者的声音。"在边远民族地区和国际学术场合，"眼光向下"的同时"眼光向外"，是他工作的常态。工作场景的频繁切换,其实也是推进中国个案与域外学术的对话,推进中国学者的思考与国外同行的交流。这种对话交流,对双方都有利。朝戈金说:"就国内外口头传统研究的理论转向而言,人类学、民族学等更多的学科方法和更新型的技术手段均参与进来,不断探索着更加宽广的新领域。这不仅为口头传统研究整体带来了更多可能,也为理解中国口头传统研究的多样性、人类文明的互鉴关系提供着智力支持。"以史诗研究为例。荷马史诗等西方史诗,如今早已没有活形态的演述,这给研究带来很大困难;我国不仅拥有大量的史诗传统,还具备西方史诗无法比拟的"活态传承"优势。"口头传统研究的体系化发展,必将带来对人类表达文化的整体反思和知识框架的重新整合,在新时代的人文学术领域中,中国口头传统研究必将在国际舞台上做出新的贡献。"朝戈金说。

2006年9月14日,朝戈金(左)与著名江格尔史诗演述大师加·朱乃在一起

访 谈

屈原、曹雪芹很伟大
刘三姐、居素甫·玛玛依也很伟大

不同的文化因素
共同演奏中华文化的伟大乐章

记　者　习近平总书记在文化传承发展座谈会上强调要"全面深入了解中华文明的历史"。作为少数民族文学、民俗学研究者,您有何解读?

朝戈金　所谓历史,是立足今天看以往。如何看,就有个立场问题。从不同的立场出发,看到的是不同的历史。有官方文献书写的历史,也有人民的历史。我们今天看中华文明的历史,不能只看文献,看官方的记载,还要看到人民是历史的主体,他们在长期的生产生活中,在创造着历史。要看王朝更迭,也要看民众生活。我们常说的"眼光向下",就是这个意思。

　　从信息技术的角度讲,有文字的历史和无文字的历史,有记载的历史和实践的历史。同时,历史又包括汉族的历史和各个少数民族的历史,它们共同构成中华民族的历史。今天我们讲铸牢中华民族共同体意识,中国在长期发展中,各民族守望相助,共同熔铸成中华民族,这是一个伟大的历史过程,创造了灿烂的中华文化。在这个进程中,不同的文化因素加入了"大合唱"。所以,今天的中华文化是一支"交响乐"。这支"交响乐"中有不同的"乐器"、不同的"嗓音"。总之，是不同的文化因素，共同演奏出这样一个伟大的乐章。

记　者　近年来，中华优秀传统文化的保护、传承，尤其是创造性转化、创新性发展受到高度重视。在您看来，它的重要意义是什么？有哪些可能的路径？

朝戈金　太多了，数不胜数。例如，传统中有"招财猫"的习俗。我写过一篇短文，说"招财猫"和现代都市通过饲养宠物拉动消费，很容易结合起来。又如，古希腊史诗《伊利亚特》《奥德赛》，被好莱坞改编过不止一回。欧洲主要的史诗作品，都被改编成当代的影视作品。我们看到的电影《功夫熊猫》《花木兰》，里面有很多中国元素，中国文化资源就变成他们的文化产品了。

我们的这种改编做得不够。汉族和少数民族民间蕴藏的资源无比丰富，如我们的少数民族三大史诗——《格萨尔》《玛纳斯》《江格尔》。可惜我们现在拿得出手的产品还太少，只有哪吒、孙悟空等不多的文化产品。各民族文化资源是一个大宝库，可以用来转化成适合新时代人民精神需求的文化产品、艺术产品，这个前景是无比广阔的。

这只是一个方面。还有民间工艺和美术等，一些少数民族的刺绣，成了巴黎这样的时装之都高档时装设计的重要灵感资源。现在有些高端定制时装，已经开始意识到传统图案中所蕴含的丰富文化内涵和视觉冲击力，它们有些是当代都市服装设计者绞尽脑汁都想不出来的。这些文化资源不断进入新的产业，以新的形态出现，实现创造性转化、创新性发展，无疑丰富了民众的生活，提升了民众的审美趣味。

记　者　刚才谈到的案例主要聚焦于文化创意产业领域。如果从精神层面出发，创造性转化、创新性发展的价值是什么？传统文化中又有哪些资源？

朝戈金 文化早期是充满想象力的,是用艺术的方式来把握自然和认识自己的。如希腊神话,就有长久的影响力。中国的神话传说也很有特色,愚公移山、精卫填海、后羿射日、嫦娥奔月这些神话,主题大多是遭遇到重重困难,但主人公以难以想象的忍耐力和雄心来克服困难。中国神话中的这些元素,如坚忍不拔、九死不悔,都是健康的文化基因,一直传承到今天。我们在众多史诗故事中,在民间叙事传统中,总能看到这种热爱人民、反抗外敌,充满正义感、视死如归的精神。中华民族历经挫折,每次都从血泊中、从艰难困苦中、从泥淖中爬起来的这种能力和勇气,跟中华文化基因中那些非常古老又很健康、很有生命力的要素有关。

今后,无论是游戏、文学作品的改编,神话的重新书写,还是在日常生活中,都应该高扬这种神话的理想主义和英雄主义精神。这都是古老的民间文学、民间口头艺术表述中的宝贵遗产,它们今后一定会以更多方式丰富人们的精神生活。

做民众的小学生
虚心学习民间知识和智慧

记 者 在学术生涯早期,您的主要研究对象是老舍、张承志这些作家的文学,后来为什么会转向如今的研究领域?

朝戈金 20世纪90年代后期,我转去研究民间文化,主要是因为当时的环境变化,经济社会在飞速发展,民众的文化、传统的文化在迅速消失,人类文化中相当宝贵的一部分正在迅速淡出我们的视野,这让我感受到了解民间文化的迫切性。有些正在我们眼前消失的文化,假如今天不研究,可能就真的晚了。比如川江号子,随着拉纤这个生计方式的消失,它作为一个重要的非遗项目,就远离我们的生活了。但是,我们能抢救性地记录和保存在博物馆里,让后人知道拉纤是怎么样的,知道当时的生活方式的一些侧面。

2003年，联合国教科文组织第32届大会通过《保护非物质文化遗产公约》，号召各国保护口头的和非物质的文化遗产。我接触到联合国教科文组织的一些材料，有些很生动的说法，如"非洲部落去世一个老人，等于烧毁了一座图书馆"。民众的很多智慧和知识，都在这些年长的人们的头脑中，他们长期口耳传承这些知识和文化。然而，时代的剧烈变迁，包括旅游、战争等，总之，全世界的流动性增强，都对传统文化形成了很大威胁。它的生存空间变得有点狭小了，很多传统的文化事象开始消失。

记　者　几十年从事少数民族文学、民俗学研究，您觉得它们的魅力体现在哪里？

朝戈金　我进入这些民间文化的研究后，才发觉民众的智慧是不得了的。他们在长期的历史发展和实践中，积累了非常多的经验和智慧，包括诗性的智慧。

提到作家，屈原伟大，曹雪芹伟大。后来才发觉，其实，刘三姐也很伟大，居素甫·玛玛依（已故柯尔克孜族《玛纳斯》史诗演唱大师）也很伟大。那些民间的伟大歌手，也是语言艺术的巨匠。我们通常觉得西洋歌剧高雅，结果发现侗族大歌和声技巧的复杂程度，一点都不亚于西洋的声乐技术，有些地方还更有穿透力，更有感染力。

我们不断在生活中理解民众的知识和智慧。一方面，它们在迅速远离我们，需要抓紧抢救、保护和研究；另一方面，我们进去才发觉，这是一个"大花园"，里面的"奇花异草"太多了，宝贵的东西太多了，以往我们对它们重视不够。说实话，我们不应该轻看它们，而需要虚心地像小学生一样去学习和了解。

尊重差异包容多样
从文化碰撞中获得生长动力

记　者　四川地处中国西南地区，少数民族文化、民俗文化资源很丰富。对本土文化资源的创造性转化、创新性发展，您有怎样的建议？

朝戈金　四川的突出特点，是自然资源、环境条件和文化的多样性、丰富性。中华文明的五个突出特性，其中一个是统一性，它是指不同的要素整合为一。统一性不是同一性，而是说尊重差异，包容多样，不是我要把你变得和我一模一样。你想象一下，假如四川地区被一种饮食统领起来，大家都吃一模一样的东西，好不好呢？不好。文化上的其他方面，也一样。多样性和丰富性是正相关的关系，只有丰富多样，文化才能健康发展。

往大了讲，人类命运共同体，我们只有一个地球；往小了说，中华民族是各民族共同缔造、共同建设的。从某种意义上讲，四川可以被看作是中国的一个缩影，有很多民族在这里聚集，有很多文化在这里传承发展，各种文化要素碰撞交流，互相影响，这种影响带来了丰富性。同时，这种影响又不是彼此排斥和分离的，而是有向心力的，彼此交融的。

四川是多民族共同生活的地方，今后要想在文化建设上取得更大成绩，就要尊重差异，包容多样，从不同文化的碰撞中，从各民族彼此学习对方的优长中，获得新的生长动力。中华民族、中华文明几千年绵延下来，走到今天，其实也一直是不断吸纳新元素的过程，不断有新生性、生长性，而不是"熟透了"，一潭死水，缺少动力。

记　者　这几年，不同文明和文化之间的交流互鉴受到高度重视，您怎么看待这个问题？它的重要性体现在什么地方？

朝戈金　人类文明的发展，一直是互相学习和借鉴的结果。例如，中国很早就有饮酒的历史和传统，但主要工艺是发酵，蒸馏酒的技术是从西边学来的。我们大量的乐器、饮食和各种用具，作物种植栽培技术，很多是来自其他国度和文化的，还有不少是国内各民族互相影响的结果。我们今天能享受到的物质生活的许多好处，精神生活的许多养料，都是全世界各种各样的人在各种各样的文化中发展起来的，全世界正是在长期的互相学习中才发展到今天的。

从作物栽培、工艺技术到意识形态，有一些是土生土长的、我们自己的发明创造，有一些是从外面传入中国后，又获得了很大的发展。比如文字，有一些是自源性的，有一些是借自其他文化的，但最终都属于我们的文化。文化的很多方面都是这样，从远方借来，经过学习吸收，最后完成在地化，成为我们的文化。知识更是如此，现代科学技术知识很多是西方来的，一些先进的社会科学思想也是外来的。马克思主义中国化，说的就是这样的事情。

所以说，中华民族的文明和进步，是与全人类联系在一起的。我们要与全世界的人民携起手来，共同推进人类文明的进步。今天，各国之间，各种文化之间，还有这样那样的壁垒，还有这样那样的冲突和对抗，但人类终究是互相离不开的。

（余如波）

提 要

- 站好讲台，因为讲台是神圣的，对讲台要有敬畏之心；除了授予学生文学知识，更重要的是教诲学生做人的道理

- 在中华民族灿烂的文化宝库中，有很多珍宝，诗与词毫无疑问是其中璀璨的一串珍珠

- 古典诗词中蕴含的人文精神，与当代社会中许多价值观是相通的

- 让孩子读《论语》，言传身教最重要，家长你懂多少条，就教孩子多少条，孩子会受用终身

程郁缀 | 北京大学中文系教授 博士生导师

人物简介

　　程郁缀，1950年出生，江苏滨海人，北京大学中文系教授、博士生导师。北京大学国际汉学家研修基地主任助理，北京大学国学研究院《国学研究》编委，中国李大钊研究会《李大钊研究》主编，全国秦少游学术研究会名誉会长，中华诗词学会顾问。主要著作有《唐诗宋词》《唐诗讲读》《一日看尽长安花》《登高壮观天地间——古典诗歌与人文精神十五讲》《缀玉集》等；选注有《历代词选》《历代论词绝句笺注》等；译著有《唐宋词研究》《日本填词史话》。

千古流传的诗篇，字里行间饱含人文精神

2023年11月25日，四川大学文理图书馆，由四川日报全媒体主办的"天府文艺讲坛"开讲。北京大学中文系教授、博士生导师程郁缀应邀前来授课，题目是"古典诗歌与人文精神"。在授课结尾，程郁缀由唐代诗人孟郊的《游子吟》讲到了关于母亲的话题。"滴水之恩当涌泉相报是中华民族的传统美德，而来自母亲的恩情则是涌泉之恩。滴水之恩、涌泉相报，涌泉之恩、大海相报！"讲到最后，程郁缀昂首振臂、字字铿锵，一如数十年来在北大课堂上的激情飞扬，引来台下听众经久不息的掌声。

此次成都行，程郁缀接受了四川日报全媒体"文化传承发展百人谈"大型人文融媒报道记者的专访，分享其关于古典诗歌与人文精神的独到观点。

◆ 谈治学

百川东到海，何时复西归

"虽然这不是在北大，但我会把它当作是在北大的课堂上。"开讲前，程郁缀一脸严肃地与台下的听众"约法三章"。讲坛原本是在下午2点半开始，但颁发聘书环节耽误了10多分钟，程郁缀看了看表说，会把耽误的时间在后面补上，一分钟都不会少。

他讲课没有课件，全凭一支笔，要么写在白板上，要么用平板书写投

影到大屏上。"你们可以用手机把我写的拍下来，但是不准刷微信、刷短视频。否则，我要请你出去了。"与大家约定好后，程郁缀言归正传："我们今天讲古典诗歌与人文精神，现在开始上课。"

几个小细节，凸显出这位国内顶尖学府教授的治学态度。

程郁缀是江苏盐城市滨海县蔡桥镇人。盐城古称盐渎，始建于西汉，因盐而兴，曾经走出"建安七子"之一的陈琳、宋末抗元英雄陆秀夫、《水浒传》作者施耐庵等著名人物。

1972年，程郁缀离开家乡，前往北京大学求学。1975年从北大中文系毕业后，程郁缀留校任教。数十年来，程郁缀一直从事中国古代文学教学与研究工作，擅长从历史、文化、社会等多角度综合分析古典文学作品。他对唐诗、宋词、元曲等文学形式有深入研究，尤其对李白、杜甫、苏轼等文学巨匠的诗歌作品有着独特的理解和见解。

除了研究，程郁缀同样潜心于课堂，将所学所思倾囊教授给一代又一代北大学子。

"站好讲台，因为讲台是神圣的，对讲台要有敬畏之心；除了授予学生文学知识，更重要的是教诲学生做人的道理。"在三尺讲台辛勤耕耘几十载的程郁缀，早已把学生当成自己的孩子一样细心呵护。

对于学生，程郁缀要求严格而又寄予厚望。在"天府文艺讲坛"上，程郁缀讲到汉代乐府诗《长歌行》，"百川东到海，何时复西归"，把这个描述与中国的地理地貌联系起来。他说，中国的河流从西向东流，汇入大海，光阴的河流、生命的河流亦是如此，永远都不会倒流，逝去的光阴不会复返。所以，接下来会有那一句尽人皆知的"少壮不努力，老大徒伤悲"。程郁缀时常以此告诫学生："人生要有提前量，做事不可马拉松。"

给学生们授课交流时，程郁缀时常提及的一个人是陶渊明。"陶渊明不仅是伟大的诗人，还有一项了不起的成就。"程郁缀说，在中国二十四史中，记述晋朝历史的《晋书》，记述南北朝中南朝历史的《南史》，记述南朝刘宋王朝历史的《宋书》，3部史书中均有陶渊明传，"一家能入三史，这很了不起。"程郁缀用陶渊明的故事对学生们寄予期望，勉励他们要努力奋斗，争取"载入一部史册，留下一个第一"。

◆ **谈诗歌**

星汉灿烂，若出其里

"天府文艺讲坛"两个小时的讲座，台上讲得精彩，台下听得入神。程郁缀一边讲，一边不时用笔在平板投屏上写下一段段年代、一个个人物、一句句诗篇。听众对他惊人的记忆力和深厚的诗歌功底印象深刻，仿佛那些诗歌和背后的故事早已融入他的血液中，旁征博引，信手拈来。

程郁缀说，欣赏古典诗歌的角度是多种多样的。例如，从艺术欣赏、叙事研究的角度，如何理解李清照《声声慢·寻寻觅觅》里说的"满地黄花堆积"？有人理解是黄花憔悴，飘零落在地上；也有人认为是黄花开得锦簇，一团团堆积在一起，憔悴的是人不是花。又如杜牧的《山行》中"霜叶红于二月花"，有人认为把秋天的霜叶与春天的花相比，昂扬振奋；但如果联系到晚唐的社会背景和杜牧的怀才不遇，秋季的霜叶火红，也意味着即将终结的生命，凄美哀伤。

程郁缀说，对于诗歌，每个人都可以有自己的理解，无可厚非。但深入研究会发现，每一首流传千古的诗歌，都与其诞生的历史背景、人物经历紧密相关。透过诗歌，能够更深切地感受到中华文明生生不息的血脉跳动。

诗歌是历史发展的产物。"先秦时期是中华民族伟大的开篇，同样也是诗歌的开篇。"程郁缀说，说起这个开篇，必然会提到《诗经》与《楚辞》。这两部诗集的出现，与孕育中华文明的两条大河紧密相关。《诗经》是黄河流域中原文化的结晶，以民歌为主，内容反映了人与客观世界的关系，以及人的主观情感的抒发。而《楚辞》无疑是长江流域南方文化的结晶，其内容主要是屈原的思想，是这位伟大先贤留给中华儿女的宝贵遗产。

诗歌有高峰也有低谷。说起诗歌，很多人马上会想到唐诗宋词。在唐代和五代，中国诗歌取得杰出成就，创作流传至今的唐诗有5.2万多首，这个数量空前但不绝后，因为宋诗更多。20世纪末，北大中文系20多位老师用了13年时间编纂完成《全宋诗》，共收录了25.4万多首。虽然数量多，但在宋人面前，唐诗像一座巍峨高峰，不可逾越。宋人很聪明，绕了个道写宋词，创作了两万多首。

"在中国诗歌史上，唐诗宋词如双峰并峙，两水分流。"程郁缀说，唐诗宋词的巅峰，与唐宋两朝的经济繁荣、文化开放、民族融合、技术进步等不无关系。

在唐宋之前，另一个高峰是汉末的建安时期，短短20多年里涌现出"三曹""建安七子"等一批杰出的诗人和作品。在这两个高峰之间约400年间，是中国诗歌的一段低谷。说是低谷，也可以说是"厚积"。这400年间战乱不断，但也带来思想的自由解放，文学艺术、哲学宗教等都取得杰出成就，不能不说为唐宋诗词的"薄发"奠定了基础。诗歌离不开伟大的诗人。在诗歌的灿烂星河中，伟大的诗人是最耀眼的星座。程郁缀讲曹操，说他流传下来的每一首诗都是精金美玉。千古歌咏大海的名篇《观沧海》，被认为是中国诗歌史上保留下来的第一首完整的山水诗。再说陶渊明，他人生最后的20多年在田园中度过，以满腔热情描绘和歌颂田园的美好。"他在中国诗歌史上开辟了一个崭新的天地——田园诗。"

◆ **谈研究**

重视挖掘解读古典诗歌中蕴含的人文精神

从事中国古代文学研究与教学数十载，程郁缀尤其重视挖掘解读古典诗歌中蕴含的人文精神，这也是近年来他授课最主要的内容。

程郁缀认为，那些千古流传的诗篇都有着共同的特点，字里行间饱含人文精神。犹如一泓清泉，流淌在中华儿女的血脉里，心心相连，息息相通,焕发出生生不息的活力与华光。

例如怀乡。程郁缀讲贺知章的《回乡偶书》:"少小离家老大回,乡音无改鬓毛衰。儿童相见不相识,笑问客从何处来。这首诗好在哪里?好在没有一个字说家乡好,但每个字都透露着乡愁。"程郁缀说,每个人都有自己的故乡,都爱自己的故乡,也都有自己的乡愁。

程郁缀每年一定会回家乡,即使特殊时期多番辗转也没有中断。父母在时,看望陪伴父母,"父亲晚年得了白内障,彻底失明,我回去给他洗手洗脚。"程郁缀说,父母去世后,他每年都回去上坟祭拜,把对父母的爱转移到其他长辈亲人身上。每次回去都会准备一些礼物,一包一包挨家送。十多年前要送十五六包,慢慢地,越送越少。"后来,最后一个叔叔也去世了,我想送都送不出去了。睹物思人,情何以堪。"

例如缘分。曹操的《观沧海》写出了大海包容和孕育宇宙、吞吐日月的壮阔气势。程郁缀说,四方上下为宇、古往今来为宙,与之相比,人不过是沧海一粟。每当想到这人海茫茫、人生匆匆,便会觉得人与人之间的相逢、相识,真是莫大的缘分。

又如傲骨。程郁缀讲陶渊明,说他的上级领导有一天来检查工作,手下提醒他赶紧把官帽戴好去迎接。陶渊明喟然长叹,留下一句"吾不能为五斗米折腰"。"我以为,中国每个读书人都要记住这句话。"程郁缀说,不肯为五斗米折腰的精神,就是中国知识分子的傲骨。这份精神传承到现代,又有了徐悲鸿的那句名言:"人不可有傲气,但不可无傲骨。"

还有母爱。程郁缀讲古典诗歌,总爱用孟郊的《游子吟》作为结尾。"只要人类存在,我们中华民族一定存在。只要中华民族存在,汉字一定存在。只要汉字存在,《游子吟》永远是最伟大的诗篇。"程郁缀对这首诗给予了极高评价,只因"母亲"二字。

程郁缀解读升华"母亲"的含义,认为每一位中华儿女都有3位"母亲":第一位是给我们身躯和血肉的母亲,养育恩情无以报答;第二位是给我们知识和本领的母亲,是母校、是老师;第三位是给我们尊严和精神的母亲，是我们伟大的祖国。

"母爱是爱的最高境界，而报答母爱、报答恩情是中华民族代代传承的精神美德。"程郁缀说，"临行密密缝，意恐迟迟归"，短短10个字，将这朴素伟大的情感描绘得入木三分，意味深远。

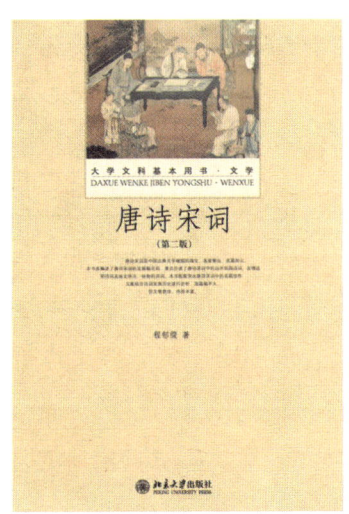

程郁缀出版的著作

古典诗词人文精神与当代许多价值观相通

> 在成都期间,四川日报全媒体记者有机会与程郁缀对坐交流。在"天府文艺讲坛"讲座最后,观众也得到机会现场提问,请教古典诗歌相关的问题。

最喜欢苏东坡因为才华更因为胸襟

记　者　您讲了中国古代许多伟大诗人的作品和故事。在他们中,您最喜欢、最欣赏的是谁呢?

程郁缀　我最喜欢的是一位四川人——苏东坡。可惜这次讲课的时间有限,没来得及讲到他。苏东坡是一位天才人物,他的散文跟欧阳修并称"欧苏",诗歌跟黄庭坚并称"苏黄",词跟辛弃疾并称"苏辛",书法为"宋四家"之首,绘画开创墨竹画法、跟文与可并称"文苏"。苏东坡在哪一方面都可以算是大家,而且是集众家之长,成一家之大。

苏东坡一生创作了2700多首诗、350多首词和4800多篇文章,这个创作数量是惊人的,创作质量更是上乘;加上辉映千秋的书法瑰宝、天下第三行书《黄州寒食帖》等,即使在他生活的那个文人辈出的时代,也找不出第二个拥有如此丰富创造力和不竭创作才情的人了。

但苏东坡最令我喜爱的不仅是他的才华,更是他的胸襟。苏东坡一生跌宕起伏，但他始终以博大胸襟淡然处之，在那个时代尤为难得。这份胸襟，在他的许多作品中都能体现。

苏东坡可以说是一生被贬。他因"乌台诗案"被贬至黄州，一日与朋友出游，风雨忽至，朋友深感狼狈，他却毫不在乎，泰然处之，写下一首《定风波》，"莫听穿林打叶声""一蓑烟雨任平生"，是多么的泰然豁达。

他被贬惠州，宋代士大夫都将岭南看作凶险之地，被贬谪到那里的人，大多忧愤烦闷，他却能写下"日啖荔枝三百颗，不辞长作岭南人"。后来，被贬到更偏远的海南岛上，他把这里当成了"第二故乡"，洒脱写下"我本海南民，寄生西蜀州""九死南荒吾不恨，兹游奇绝冠平生"，把这段远游当作平生最奇绝的经历。

2023年11月25日，程郁缀应邀在"天府文艺讲坛"开讲"古典诗歌与人文精神"

"坡仙"这种宠辱不惊的心境，的确不是一般凡人能所有。

诗词是中华民族灿烂的文化宝库中璀璨的一串珍珠

记　者　您如何看待古典诗词对中华优秀传统文化传承发展的现实意义？

程郁缀　中华民族是伟大的民族，在中华民族灿烂的文化宝库中，有很多珍宝，诗与词毫无疑问是其中璀璨的一串珍珠。

我们今天讲中国古典诗词，也是跟我们现实紧密相关的，是现实政治的需要。我们都在学党的二十大报告，党的二十大报告中提到："中华优秀传统文化源远流长、博大精深，是中华文明的智慧结晶……是中国人民在长期生产生活中积累的宇宙观、天下观、社会观、道德观的重要体现，同科学社会主义价值观主张具有高度契合性。"中国古典诗词，毫无疑问是中华优秀传统文化的重要组成部分。

习近平总书记非常重视古典诗词。2014年9月9日，他在北京师范大学视察工作时说："我很不赞成把古代经典诗词和散文从课本中去掉，'去中国化'是很悲哀的。应该把这些经典嵌在学生脑子里，成为中华民族文化的基因。"习近平总书记非常喜欢古典诗词。大家知道《念奴娇》这个词牌，最有名的是苏东坡的《念奴娇·赤壁怀古》，毛主席也曾题过《念奴娇·昆仑》。习近平同志在福建工作期间，也曾填词《念奴娇·追思焦裕禄》。

古典诗词中蕴含的人文精神，与当代社会中许多价值观是相通的。屈原怀石投江自沉的故事大家都知道。葛洪在《抱朴子》中记载："屈原投汨罗之日，人并命舟楫以迎之，至今以为竞渡。"老百姓听说屈原投江，从四面八方划船去救他。葛洪是东晋人，距离屈原的时代已过去600多年，那时人们已经开始划龙舟纪念屈原。从葛洪到现在，又过去了1600多年，我们依然在延续这样的传统。用今天的话讲，一个把生命献给祖国和人民的人，祖国和人民是永远不会忘记他的。人们纪念屈原投江自沉，唯其一死，使其在中华民族历史上"永远不死"。

我们称杜甫为诗圣，他总是从自己的不幸，想到天下人民的不幸，想到他人的不幸，于是忘记了自己的不幸，这就是其伟大之处。杜甫晚年有一首诗，在成都写的《茅屋为秋风所破歌》："安得广厦千万间，大庇天下寒士俱欢颜！风雨不动安如山。呜呼！何时眼前突兀见此屋，吾庐独破受冻死亦足！"为了"广厦千万间"，为了"天下寒士俱欢颜"，杜甫说："我一个人的茅屋破了，我受冻，冻死了也心甘情愿，心满意足。"这是什么精神？这就是伟大的利他主义精神。

杜甫幼年丧母，从小体弱多病，是洛阳的姑母抚养他长大。这个姑母是伟大善良的女性，她也有一个儿子，比杜甫小一点。因为杜甫已没有母亲，姑母更怜爱他，尽量把好东西给他吃。有一年，两个孩子生病，姑母悉心照顾杜甫，自己的儿子却不幸夭折。姑母去世后，杜甫为她题写墓志铭，记录下这些往事。我觉得，杜甫的利他精神和他姑母的言传身教是分不开的。

启蒙孩子古典诗词，言传身教最重要

记　者　什么时候开始给孩子启蒙中国古典诗词比较合适？有哪些适合的篇目呢？

程郁缀　从传统文化的角度来说，我认为孩子只要会说话了，就可以教育了。我觉得教育可以从两个方面入手：一是教他读《论语》，二是教他背唐诗。读《论语》是思想道德品质的教育，背唐诗是艺术的教育。

怎么读《论语》？一些年轻父母问我，《论语》的内容很多，教哪些好？很简单，打开《论语》，你懂哪一条就教哪一条。我从不主张从头到尾教孩子，因为你的孩子以后很可能不研究《论语》，己所不欲勿施于人。让孩子读《论语》，言传身教最重要，家长你懂多少条，就教孩子多

少条，孩子会受用终身。

　　背唐诗也是如此，家长懂哪些就先教哪些，一些简单的诗句蕴含着基本的道理。第一首要背孟浩然的《春晓》，教会孩子热爱大自然、热爱地球村。第二首要背李白的《静夜思》，教孩子要热爱故乡、热爱祖国。第三首要背《悯农》，让孩子知道粒粒皆辛苦，教会他们热爱劳动，热爱劳动人民。第四首要背《游子吟》，培养孩子热爱父母，热爱亲人，进而要有悲悯的情怀，老吾老以及人之老，幼吾幼以及人之幼。

　　教育孩子从小一定要有傲骨。孩子尊重老师、尊重长辈、尊重他人是对的，但不要让孩子看到每个人都觉得伟大。为什么要这样？因为你自己跪在地上，看谁都很伟大。陶渊明说"吾不能为五斗米折腰"，一个人要是没有傲骨，就是精神上的软体动物，一辈子只能匍匐在别人脚下。

　　我主张对孩子的教育，首先要让他们敢于"自以为是"，那是自信。直到有一天，你的孩子回来说，妈妈，这方面我不行，怎么办？那说明你的孩子有希望，因为他还能看到自己的不足，能自省。孩子一方面自信，一方面又能自省，就意味着真正成熟起来了。

（付真卿）

提 要

- 包括故宫在内的古建文化遗产是中华五千多年文明的承载者，充分彰显了中华文明突出的连续性、创新性、统一性、包容性、和平性

- 古建筑是认知历史、传承文明的有效载体，凝聚着中华民族的深邃智慧

- 故宫是中国历史文化的一个缩影，也是中国古代建筑理念的核心表达

- 传统与科学要保持平衡，需要我们在工作中保持审慎的态度，但最基本的理念还是要把传统坚持下来

王时伟

故宫博物院古建部原总工程师
中国文物保护技术协会理事长

人物简介

王时伟，故宫博物院古建部原总工程师、研究馆员。清华大学建筑系古建专业毕业，从事古建筑保护研究设计工作40余年，现任中国文物保护技术协会理事长，中国艺术研究院硕士生导师。完成多项故宫及国内文物建筑保护设计工作，主持故宫倦勤斋及乾隆花园保护项目，在国内外获得很高评价；主持新加坡凤山寺保护修缮项目获得联合国教科文组织2010年度亚太地区文化遗产保护奖卓越奖。主编《倦勤斋研究与保护》《乾隆遗珍：故宫博物院宁寿宫花园历史研究与文物保护规划》《木艺奢华》等专著。

保护古建文化遗产
就是保存中华民族生生不息的精神根脉

白雪红墙,宫殿巍峨。进入冬季,一场纷纷扬扬的大雪过后,故宫六百多年的风韵尽显。

作为世界上现存规模最大、最完整的古代宫殿建筑群,故宫今天依旧能够以盛世原貌展现在世人面前,离不开古建专家不间断的修缮和保护。

王时伟在故宫博物院工作40余年,一直从事古建筑的研究保护工作。他从对单体建筑的测绘、记录开始,到对建筑的保护修复、设计,进而成为这一领域专家,为中国古建筑的保护、修复工作作出了重要探索:倦勤斋保护工程是故宫博物院成立以来首次大规模对室内装饰装修进行的保护工程,在故宫保护与维修历史上具有里程碑的意义;建福宫花园项目是故宫内首次开展的大规模复建工程;新加坡凤山寺项目对新加坡地区的文化遗产保护工作的改善及进步产生了深远的影响……王时伟说,包括故宫在内的古建文化遗产是五千多年中华文明的承载者,充分彰显了中华文明突出的连续性、创新性、统一性、包容性、和平性。

"保护古建文化遗产就是保存中华民族生生不息的精神根脉。"在王时伟看来,对具有中国特色的古建筑保护思想和理论体系的研究和探讨,不仅是发展中国文化遗产事业的需要,更是传承发展以古建筑为代表的中华优秀传统文化。

◆ **就读"古建'黄埔'一期"**

王时伟自参加工作就与古建筑打交道。

1975年,王时伟高中毕业,正赶上故宫到学校招人,19岁的王时伟由此进入故宫工作。

当时正值国内文物工作开始恢复,故宫的古建筑群亟须修缮、保护。王时伟在老同志的指导下学习勘察、测量,做古建筑的修缮设计工作。王时伟回忆,当时故宫采取边学习边工作的方式培养技术人才,他先后参与了故宫东南角楼、西南角楼、寿皇门等勘察设计工作,完成皇极殿一区建筑制档等工作。

"从在书本中读到故宫建筑,到工作实践中亲手去触摸每一根梁柱、砖瓦、彩绘,再把它们转化为图纸,指导修缮保护工作,不仅让我大体掌握了清代官式建筑的基本特征,更培养了我对中国古建艺术的兴趣,锻炼了自己的研究设计能力。"王时伟说。

1982年国家文物局与清华大学建筑系合作开办古建专业班,基本功扎实的王时伟顺利通过考试进入古建班学习。回忆这段学习过程,王时伟十分感慨,这个班可谓"古建'黄埔'一期",也是唯一一期。老师中既有梁思成先生的同辈吴良镛、陈志华、汪坦等大师,也有梁思成的弟子徐伯安、郭黛姮、楼庆西等业界翘楚,还有罗哲文、祁英涛、杜仙洲、杨烈等古建界、文博界的代表人物。

王时伟在古建班里学习了近3年时间。"我们系统学习了古建筑史、外国建筑史、古建测绘、古代文献查阅、古建筑鉴定等一系列专业课和宋代《营造法式》、清代工部《工程做法》两部重要的建筑学著作。"王时伟说,除了课堂学习,他们还沿着当年梁思成考察古建筑的线路,实地考察和调研各时代的建筑遗存,完成了由认知到感知的过程,为日后研究保护建筑文化遗产打下了坚实的专业基础。

毕业后,王时伟和同学们分赴建筑遗产保护的第一线。在王时伟看来，古建班虽然只举办了一次，但对于中国古建领域来说具有重要意义。

"古建班是系统按照梁思成先生的古建研究方法展开学习的，后来有关古建教学的很多模式也是从这个班开始的。"王时伟说，"从梁思成先生算起，我们是中国古建研究保护第三代传承人，同时，我们又是新中国自主培养的第一代古建人。"随着老一辈专家学者逐渐退休，王时伟和同学们又接续成为中国古建研究保护的领军人物。

◆ 领衔故宫首次全面测绘

1986年，王时伟被借调到国家文物局文物处工作。在这里他有机会参与全国各地的文物建筑保护、研究、管理工作。

中国几千年的文明，各朝各代留下了丰富的建筑遗存，在罗哲文、杨烈两位老先生的指导下，王时伟远赴新疆、青海、山西、辽宁等地调研古建筑的保护状况。

"辽宁奉国寺、新疆石窟寺、青海瞿昙寺……这些调研、勘察极大地开阔了我的专业视野，丰富了专业知识。"1988年，王时伟从国家文物局回到故宫，此时他领衔的第一个重要项目就是对故宫进行测绘。

故宫是占地面积约72万平方米的古建筑群，历史上几乎没有留下建筑图纸。梁思成领导的营造学社曾在20世纪30年代对中轴线上的个别建筑做过测绘，但对于故宫全貌的认识当时还是空白。随着对故宫修缮工作的逐步开展，摸清故宫建筑家底成为当务之急。

王时伟带领10余人组成工作专班，使用钢尺、皮尺等工具，用最原始的手工测绘方法，一间一间地测量故宫建筑。

"这是给故宫做的一个全方位的测绘，除了大家外观上能看见的这些柱子、横梁等结构外，还有很多大家看不见的地方，比如大屋檐下面的房架，我们要钻到里面，一点一点量，一点一点画，丝毫不能马虎。"王时伟说。

北京故宫博物院

从炎炎夏日到冰雪寒冬，王时伟带着工作专班用了将近5年时间，完成了对故宫建筑的完整测绘，为故宫后来的修缮保护工作打下了重要的数据基础。"这可以算是故宫建筑最早的数字化尝试。"王时伟说。

现在这些图纸都存放在故宫博物院的档案馆里，它们本身也成为故宫文物的一部分。对这些图纸，王时伟很有感情，他说："看这些图纸，虽然都是按照规范操作的，但不同的人风格不一样，有的人画得真是漂亮，这种差异其实就包含了大家对古建理解的差异。"

◆ 主持故宫重要修缮工程

中国很多古建筑能够屹立千年不倒，一方面是特殊的木架结构及榫卯连接方式起到重要作用，另一个重要原因是人的保护作用。

2020年，故宫迎来建成600年纪念。王时伟说，故宫历经600年风雨，如今依然熠熠生辉，靠的就是不间断的修缮和保护。

王时伟介绍，明清时期故宫进行过多次大修，新中国成立后又有三次集中性的大修，他参加了后两次。

新中国成立当年，故宫工程小组就以"保护为主，抢救第一"为原则，逐步改善了建筑的保存状况，当时单是故宫里的垃圾就清运了25万立方米。此后在1956年，故宫启动对西北角楼的落架大修。

第二次大修，从1974年开始，持续了7年时间。当时故宫古建施工队招收了457名技术工人，1975年王时伟成为其中一员。工人们跟着老师傅，参加了午门正楼、东西雁翅楼、太和门东西朝房、钟粹宫、景仁宫、养心殿、慈宁花园、东南角楼等修缮工程。

2002年，故宫又到了大修的节点。当年，以武英殿大修作为试点工程，故宫的新一轮大修拉开了序幕。

在启动试点工程的同时，经过3年时间调研制定的《故宫保护总体规划大纲》在2005年得到国家文物局批复。大纲确定此次大修工程的目标是完整保护和整体维修故宫建筑群,其中远期目标持续至2020年。

这次修缮,是自1911年后故宫的首次整体大修。此时,王时伟已是故宫古建筑设计工作的主要负责人,重要修缮工程的设计工作均由其主导完成。"在保护的前提下,我们按照传统的工艺、材料,再辅以现代的科学技术,将故宫的主要建筑初步恢复到康乾盛世的面貌,再现了故宫的辉煌和雄伟壮丽。"王时伟说。

在这期间,王时伟还主持完成了建福宫花园项目,这是目前故宫内唯一一个复建项目。建福宫花园,为乾隆初年在紫禁城内开辟的一处皇家花园。1923年6月27日,整座花园连同无数珍宝被一场大火化为灰烬。1999年初,国务院正式批准立项建福宫花园复建项目。

王时伟说,为尽最大可能还原建福宫花园的原貌,他们专门组织了档案搜集小组,从历史档案、建筑遗迹中,找到可供参考的细节。同时,重建施工基本采用传统工艺技术,用料上也尽量与过去保持一致。2006年5月,历时5年的建福宫花园复建工程圆满竣工。

在传统的修复技艺中融合现代科技,故宫在一代一代古建人的保护中,不断获得新生。

理解中华文化,古籍文献和古建筑是互补的

故宫是中国古代建筑理念的核心表达

记　者　与古籍文献相比,古建筑承载着什么样的文化意义?

王时伟　首先是形态不一样。古籍一般是通过文字、图画等介质来传承、传播,更偏重精神、思想层面的感知。古建筑是一个很综合的物质载体,通过实体来展示它所承载的文化、历史乃至科技。

其次,对于理解中华文化来说,古籍文献和古建筑两者又是互补的。一个是精神上的,一个是物质上的;一个有文字,一个是无字的。很多东西,单从文献是看不出来的,必须结合实体古建筑进行研究。

我们对古建筑的渊源、设计、结构特点及艺术成就的追溯,就是以古建筑为出发点,研究不同时代的审美情趣和历史文化,同时对当代古建保护的继承与创新进行探讨。

概括来看,古建筑是认知历史、传承文明的有效载体,古建筑凝聚着中华民族的深邃智慧,推动古建筑的保护传承,不仅可以保存历史记忆、赓续中华文脉,更对坚定文化自信、实现中华民族伟大复兴具有重要意义。

记　者　中华文明的五个突出特性,具体到古建筑上是如何体现的?

王时伟　中华文明突出的连续性、创新性、统一性、包容性、和平性,在古建筑上都有很好的体现。

比如连续性，在漫长的历史演进中，中国古建筑的核心特征都是木结构。其中最具代表性的就是榫卯结构，从汉唐到明清，虽然局部有差异，但对这种结构的使用和发展是连续的。

创新性在古建中体现得最为突出。古代建筑师们通过对木材本身的艺术加工，形成不同的构件、部件，进而巧妙地把建筑功能、结构和艺术统一起来形成一座座单体建筑，再将单体建筑组合，形成群落。留存到今天的古建筑，每一座都有独一无二的形象特征。再看统一性，中国古代对于很多建筑形制是有明确规定的，比如城垣建筑的布局要合乎规制，比如文庙要有哪些组成部分、什么形制，这都非常明确。这就是通过蕴藏在建筑中的意象来彰显中央王朝的统一性。

包容性最具代表性的是圆明园。圆明园地处北京却汇集了众多江南元素，还有大量建筑使用了当时的西方建筑风格。

和平性，主要体现在对外交往上。比如在唐代，当时的日本和韩国派遣了大量遣唐使，学习中国文化，其中就有中国的建筑技术。日本唐招提寺的主体建筑金堂，与山西五台山佛光寺大殿十分相似。梁思成先生曾说过："对于中国唐代建筑的研究来说，没有比唐招提寺金堂更好的借鉴了。"韩国首尔的崇礼门，被誉为韩国的"一号国宝"，也反映了晚唐时期的建筑特点。

记　者　从故宫来看，古建筑展现了一种什么样的人文理念？

王时伟　古代宫城的营建，要遵循一些基本的规制。故宫是中国官式建筑的集大成者，首先它的布局一定是合乎礼制的。故宫采取与《周礼·考工记》相近的都城设计：前朝后寝，左祖右社。南半部为前朝，北半部则为后寝，太庙和社稷坛分居东西两侧。

其次，故宫展现了天人合一的理念。比如依山傍水，故宫北面为景山，南面为金水河。这两处都是修建故宫时的人造景观，以山水相呼应，实现了古人与天地自然和谐一致的建筑理念。

从功能布局看，故宫主要包括前朝区和内廷区。前朝建筑位于紫禁城南部，主要包括太和殿、中和殿、保和殿，是举行重要仪式的场所。内廷建筑主要位于故宫的北部，是皇室的生活区。这样的布局，可以理解为阴阳相济之道。

从某种程度上说，故宫是中国历史文化的一个缩影，故宫也是中国古代建筑理念的核心表达。

传统与科学要保持平衡

记　者　古建筑修复有哪些必须遵守的原则？在这过程中，传统与科学该如何平衡？

王时伟　针对文物建筑的修缮，《中华人民共和国文物保护法》规定应当遵守"不改变文物原状"原则。在具体操作中，我们的基本原则就是坚持传统，即坚持传统工艺、传统材料。

比如在故宫的修复过程中，不仅有对建筑外部大木结构、瓦顶保护及油饰彩画的修复，还延伸到精致巧妙的室内装潢。很多修复工作面临着工艺失传、材料原物恢复难度高等挑战，为此故宫专家曾分赴全国各地，寻访民间高手，寻找工艺传承的脉络。

但从另一方面看，并不是说传统的就是最科学的。比如故宫古建筑上的油饰彩画，古代的工匠会先在木头上画出花纹，然后再上一层由桐油熬制的光油。我们用科学手段分析发现，以这种方式在木头上完成的彩绘，画上去后很快就会结斑，我们现在就对这种工艺进行了改良。

同时，随着科技的进步，一些新的技术手段或者材料也会介入到古建修复工作中来。传统与科学要保持平衡，需要我们在工作中保持审慎的态度，但最基本的理念还是要把传统坚持下来。

记　者	用当下的话说，科技对古建修复是一种"赋能"？
王时伟	对的。特别是数字化技术在古建保护方面已经开始广泛应用，并取得了一定的成效。

比如三维激光扫描技术，是一种可以自主发射激光、与目标无须接触就可以获取目标物体表面点云数据的测量方法，该测量方法精度极高，是当前测绘技术的重大创新。在古建筑的病害调查工作中，现在可以通过CT扫描等多种手段，进行病害评估和虚拟修复，可以避免因接触对文物可能造成的二次伤害，大幅提高了工作效率。

古建筑的保护修复和其他文物工作一样，具有很强的科学性，也是多学科交叉渗透形成的一门科学。基于此，2016年12月故宫文物医院正式挂牌成立，我们希望在采用传统工艺保养修复文物的同时，也与现代科技相结合。故宫博物院为这座文物医院配备了世界上最先进的文物"诊疗"设备，如文物专用CT机、显微观察设备、材料分析设备、无损探伤设备等，使现代科学技术能够更好地造福于文物修复工作。

在古建保护领域贡献"中国经验"

记　者	故宫乾隆花园（宁寿宫花园）等是中外合作修复项目，在这样的国际合作中，我们取得了什么样的经验？
王时伟	从大的方面讲，大家对古建筑的保护理念是一致的。西方的建筑主要是砖石结构，建筑里面会有一些壁画、油画类，中国的建筑主要是木结构，上面一般有一些油饰彩画。所以采取的保护方法、方式有区别，面对物质载体的不同，在具体工作上大家互通有无、互相借鉴。

以乾隆花园为例，整个修缮工程不仅充分借鉴了先进的建筑和文物修复理念，同时大家也遵循客观规律、不教条。倦勤斋内留有宫廷画师郎世宁及其徒弟王幼学的作品，这是世界仅存的巨幅通景画。在对通景画的具

体修复和保护手法上，若按照欧洲传统保护理念，贴在墙面上的通景画属于不可移动文物，根据他们的"最少干预"原则，只能在原处进行必要的清洗和技术修复。而我们经过调查分析，这幅通景画虽然是按西方技法绘就，但用的仍是中国画的装裱技术，画是裱在木架上再整体贴在墙面上的。所以在对通景画的修复上，最后采用的是我们的方案：按照中国传统的揭画工艺，先把整幅画从墙面上剥离下来，派故宫博物院最好的古画装裱团队，在完成洗、揭、补、托等核心工作后，再重新把通景画裱糊回去、恢复原位。托裱通景画的纸张叫桑皮纸，完全依赖手工制成。修复后的通景画，得到合作方同行高度肯定。

乾隆花园项目，充分体现了中国对建筑遗产保护的全新理念，组建了跨学科团队利用前沿技术进行整体保护，也为今后更多古建筑的修缮提供了范式。

值得一提的是，全新的数字化技术也在乾隆花园的修缮中有所运用。通过全站仪、近景摄影测量、三维激光扫描技术等先进技术的运用，对花园中的建筑、假山、植物、摆件、铺地等进行了数字化处理，最后生成了一座数字化乾隆花园。

记　者　在古建保护的交流中，我们"走出去"有哪些案例？

王时伟　新加坡凤山寺项目非常典型。凤山寺是福建南安人清末时期修建的，1978年被新加坡列为国家古迹。因为新加坡当时缺乏古建领域专业人才，导致凤山寺长时间没有得到有效保护。2005年前后，新加坡南安会馆就找到了我。

凤山寺具有明显的闽南建筑风格，在它建成后的100多年里也经过几次修缮，但走样了，因此我们建议恢复原有的建筑风貌。经过反复讨论，南安会馆同意我们按文物修复的理念推进，也同意使用我们推荐的福建工匠来修复，砖、瓦等很多建筑材料，也是在福建定制。

从2007年至2010年，经过3年努力，一座恢复历史原貌的凤山寺展现在世人面前。凤山寺的修缮工作，开了新加坡关于古建修复的先河。在这期间，新加坡文物部门也跟我们进行了多次深度交流，刷新了他们对文化遗产的认知。

记　者　在古建保护领域，我们贡献了一份"中国经验"。

王时伟　是的，可以这样说。在以木结构为代表的东方古代建筑体系中，中国是最有发言权的。

以新加坡凤山寺项目为例，该项目曾获联合国教科文组织2010年度亚太地区文化遗产保护奖卓越奖。中国古代的木结构建筑体系是藏在木头里面的东方美学，是中华优秀传统文化的重要组成部分。古建文化遗产汇集了我国传统建筑精湛的技艺和优秀的文化，是古代建筑科学和美学的融合，更是我国古代劳动人民智慧的结晶。一方面我们主动学习借鉴世界上的先进做法，另一方面我们也积极走出去，贡献中国方案、中国经验，以此保护古建文化遗产，促进文明交流互鉴。

（王国平）

18 文化传承发展百人谈

提 要

- 历史是由人民谱写的,杰出人物是人民的代表,塑造他们的过程,也是研究中国历史的过程

- 通过中华文化人物的塑造来传播中华文化,让中华文化的精神、中华民族的伟大历程,通过那些杰出人物脸上的沧桑痕迹来体现

- 艺术的继承发展,仅靠一己之力是远远不够的,还要有群体的力量、时代的力量

吴为山 著名雕塑家 中国美术馆馆长

人物简介

吴为山，政协第十四届全国委员会常务委员、副秘书长，民盟中央副主席，中国美术馆馆长，中国美术家协会副主席。清华大学、南京大学、中国艺术研究院博士生导师，北京大学-中国美术馆博士后科研工作站首席导师。

先后当选为法兰西艺术院通讯院士、意大利艺术研究院院士、俄罗斯国家艺术科学院荣誉院士、乌克兰国家艺术科学院院士，获颁香港中文大学荣誉文学博士、澳门科技大学荣誉人文学博士、韩国仁济大学名誉哲学博士、俄罗斯赫尔岑国立师范大学荣誉正博士及多项国际国内荣誉奖项。创立"写意雕塑论"，出版10多部专著并被翻译为多国文字出版，创作600多件作品，代表作有立于德国的大型雕塑《马克思》、立于希腊的大型组雕《神遇——孔子与苏格拉底的对话》等。

用体现中国精神的优秀雕塑作品讲好中国故事

自1963年中国美术馆正式对外开放起，许多载入中国美术史册的重要作品首展于此，众多中国艺术家的名字从这里传扬。美术馆的仿古阁楼式建筑上，阁楼飞脊、金色琉璃瓦屋顶和回廊散发着东方古典韵味，由毛泽东主席亲自题写的"中国美术馆"金字牌匾熠熠生辉。

2023年岁末，中国美术馆好展纷呈，观众不时排起长队，只为争睹国家艺术宝藏。

多年来，馆长吴为山创作了以杜甫、苏东坡、成都大运会等为主题的众多作品立于四川；带领全国优秀中青年雕塑家重走长征路，创作"长征"系列组雕；参加"文物保护利用与文化自信自强"主题论坛以及首届金熊猫奖评选活动并发表主旨演讲……

身为艺术工作者、教育者、管理者，包括担任全国政协副秘书长、民盟中央副主席等职务，"文化传承发展""文明交流互鉴"一直是吴为山思索的主题和实践的课题。每每当他回望那些立于世界多国，洋溢着中国人文精神、体现中国人风貌的雕塑作品，都会油然而生中西合璧、文明互鉴、此道不孤之感。

◆ 求学惠山脚下

从民间汲取艺术养分

吴为山出生于苏北里下河地区时堰镇的一个书香世家。在五六岁时，他开始喜欢家藏古书中的插图和陶瓷器皿上的画作，那些清雅的山水图像和古香古色的仕女画给他留下了深刻印象。受父亲的熏陶，吴为山11岁时就摸索着写生，画小镇上熟识的人。

高考制度恢复后，1979年，吴为山被无锡工艺美校录取，学习泥塑，父亲为此赋诗勉励：求医失路笑难关，从艺有期莫等闲。坐井观天终是小，大江放眼快扬帆。

无锡工艺美校位于惠山脚下，原为一座祠堂，后来一度改建为惠山泥人厂的仓库。吴为山还记得，画室陈列了许多石膏像和石膏几何体教具，比如维纳斯、米开朗琪罗胸像、伏尔泰、亚历山大面像……画室外小庭院堆的惠山土是制作泥人的原材料，油性、柔腻而润泽。他曾回忆说："西洋石膏像的洁白和惠山本地泥土的乌黑形成强烈反差，而我的命运注定与之紧密相连。"

在这方小小的艺术天地里，素描与图案、彩绘、工艺美术史、语文、文艺理论、国画、书法和水粉画等课程均有敬业的老师讲授，学习氛围很浓，吴为山逐渐静下心来。在无锡学习的两年，他受惠于诸多名师和民间艺术大师。

吴为山还常常走访民间艺人，对惠山泥人研究所陈列的泥人进行临塑、描摹。从造型的饱满到彩绘用笔的爽利，从动作的生动传神到工艺制作的模印简洁，从手捏速度的快捷到戏剧程式的表达，他沉浸其间不亦乐乎，并撰写了一篇两万字的学习心得《我所认识的惠山泥塑》。

这些经历深深影响了吴为山后来的艺术生涯。他曾表示："尽管我后来考进大学，又赴欧美学习，创作、研究、教学，积累了相应的实践经验和理论思考，但我始终感到这与我早期在无锡工艺美校的学习是分不开的。那是我最早吮吸的'乳汁'。"

◆ 为中华历史杰出人物塑像
展示时代精神

在吴为山的雕塑创作中,最为着力且最受国内外评论者称道的,无疑是以中国历史人物为载体表现中国精神的一系列作品。"这是一个以文化人、以人塑魂的工程,将文化精神融入历史生生不息的长河中。"

20世纪90年代,吴为山决心以中华杰出历史人物为塑造对象,讲述中国故事,展示时代精神。截至目前,他已创作600多件作品,立于中国及世界多个国家和地区,南京博物院设有"吴为山雕塑馆",韩国建有"吴为山雕塑公园"。

吴为山雕塑作品《举杯邀明月——诗人李白》

当然，这项旷日持久、规模浩大的工程也有难点，即创作对象常常没有准确生动的传世形象，有些甚至只有少量文字、传说可供参考。例如，古书中对孔子的形象有描写，唐代吴道子、宋代马远都有画本传世，但要转化为雕塑，要么过于夸张，要么不够厚重。若以西方雕塑的写实手法塑造，又缺乏古意，总有隔靴搔痒之感。

事实上，古意正是悠远岁月所积淀的古代文化留给今人挥之不去的想象与意象。由此，吴为山想到了中国古代石窟雕塑，那体积的稳衡和精神的恒久，均是不拘泥于生理结构、注重整体体量对比所致，它有历史的遥远与静穆。1994年他所塑的孔子胸像，展现了一个慈祥、博学、循循善诱的长者形象。外形上尽量单纯，舍弃一切不必要的凹凸，轮廓趋于弧线，身体以半圆体喻示儒家的中和，衣纹用阴刻线表现，简朴、纯化，古意十足。

类似的案例还有不少。2006年，吴良镛院士在南京设计了江宁织造府，并邀请吴为山为曹雪芹塑像。根据历史文献记载，曹雪芹黑而粗胖。而在吴为山的想象中，曹雪芹却应该是清癯的。从2009年到2011年，历经近3年的酝酿、设计、制作，这尊汉白玉雕像终于坐落在江宁织造府的庭院中央。由此，曹雪芹像的外形可能不符合史实人物，但其精神气质则更为契合、准确。

吴为山认为，中国传统雕塑在几千年的发展历程中，逐渐形成了写意的传统和样式，以其独特的审美形式区别于西方传统写实雕塑。随着人们对传统的重新认识与反思，对价值的判断与审定，以及通过创作实践的佐证，"写意雕塑"已为更多的专家学者和艺术家所认同。2002年，吴为山在第八届中国雕塑论坛上首次提出"写意雕塑"的概念。经过多年的研究、实践、推广，吴为山首倡的"写意雕塑"已经成为中国当代雕塑最重要的发展方向之一。

◆ **以杰出中华历史人物为主题的雕塑作品**
落成于近30个国家和地区

吴为山与四川素有渊源。他说："多年来，通过雕塑杰出人物表现历史沧桑、文化痕迹，我获得了为杜甫、苏轼等先贤塑像并立于杜甫草堂博物馆、三苏祠的机缘。作品立在哪里，感情便倾注在哪里，因此，我对四川这片厚土一往情深。"

2023年9月，首届金熊猫奖评选活动在成都举行，吴为山不仅为标识、吉祥物、奖杯等视觉设计把关，还在首届金熊猫国际文化论坛上，以《塑中华文化之"形"》为题进行"文明互鉴"主题发言。

吴为山雕塑作品《杜甫草堂组雕：草堂岁月》

吴为山雕塑作品《苏东坡》

在他看来，"塑中华文化之'形'，贵在'妙意造型'。妙意造型让中国艺术在与世界对话中有了鲜明的文化特征，并于对话与比较中实现'异质同构''同质互化'，使中西文化的自然观与审美理想在经历了碰撞、交合、分离与定向后，找到一种神似与形似之间的精妙平衡。"

吴为山的艺术之路上，满是文化和文明交流互鉴的印记。1996年，他被选送去荷兰做访问艺术家。在那里，他与来自10多个国家的艺术家一起交流，展开造型艺术继承创新方面的研究。以此为契机，吴为山游历访问欧洲多国，近距离观摩艺术史名作。

不久，吴为山又前往美国华盛顿大学做访问学者，体悟当地人的日常生活，与西方美术史上最著名的作品面对面，身临其境地感受不同气候、地域、民族所滋养的不同文化。他说："在这样一个过程中，我才意识到之前所了解的西方文化和艺术史是多么单薄。"大约3年的游历，开阔了吴为山的思维和视野。而在东西方的比较中，他也对中华优秀传统文化有了更深刻的认识。

这些经历带来的思想积淀，反哺吴为山的艺术创作，产生了一系列以中外对话为主题的作品。例如《超越时空的对话——达·芬奇与齐白石》立于意大利达·芬奇博物馆，《神遇——孔子与苏格拉底的对话》立于希腊雅典的阿果拉广场。前者仿佛扎根人类文明土壤的两棵参天大树，以不同的枝和叶形成文明互补的景象；后者孔子如沐春风，载着东方古国的厚谊，与苏格拉底展开"轴心时代"的对话。

过去30多年间，吴为山创作的50余件以杰出中华历史人物为主题的雕塑作品，落成于世界近30个国家和地区。他说："未来，我将继续通过雕塑艺术促进中外文化交流互鉴，用体现中国精神、展现中国气派、兼具时代风格、具有国际视野的优秀雕塑作品讲好中国故事，向世界展现悠久灿烂的中华文明，展示真实、立体、全面的中国。"

锤炼中华文化的"原矿石",让它生成新的价值

中华文化里有人类共同的价值

记　者　习近平总书记强调:"只有全面深入了解中华文明的历史,才能更有效地推动中华优秀传统文化创造性转化、创新性发展,更有力地推进中国特色社会主义文化建设,建设中华民族现代文明。"您如何理解这句话?它的重要性体现在何处?

吴为山　中华文化博大精深,对于本民族、本国而言,对世界、对人类社会发展的历史而言,都有着极其重要的意义。中华文化五千年连续不断,在历史进程中不断地丰富发展。从空间上讲,它是从海洋文化到农耕文化、到草原文化或者说游牧文化。特别是56个民族的多样性,相互激荡、相互影响、相互交融,各自富有特色,又统一在中华文化这一大的范畴当中。所以中华文化从时间、空间,以及各民族文化交融激荡的差异性、共同性、融合性这些方面,都是一个在世界范围内不可取代的具有独特价值的文化。随着中华文化的传播,更随着中国社会的发展,它的价值逐步被人们所认识、所了解。

中华文化有独特的智慧,它是人类文明创造的重要组成部分,可以为人类生存发展提供参考,因为这里面有人类共同的价值。今天,我们继承它、发展它,是对人类社会的贡献。中华文化在我们这一代人身上,在未来一代一代的中华儿女身上,都应该在继承中发展,在继承中创造,在继承中创新。所以创造性转化、创新性发展是十分重要的。

记　者　作为一名艺术家,在几十年的创作生涯中,您是以怎样的方式推动创造性转化、创新性发展的?

吴为山　回顾几十年艺术创作生涯,我其实从20世纪90年代开始,就为自己立了一个"工程项目"——为中华历史上杰出的人物塑像。

为什么要做这件事情?当时,我看到不少年轻人对我们民族历史上那些伟大的思想家、哲学家、科学家、政治家、文学家、艺术家等有所忽视。如果把我们历史上那些优秀的、杰出的、为推动人类社会发展进步做出过贡献的人忘记了,只顾眼前的利益、只看到眼前的现象,不去深究一个民族深厚的历史,那我们是谁?我们从哪里来?我们将到哪里去?失魂、失根、失方向,是非常危险的。

一个国家如果没有精神,没有灵魂,绝不可能走远。于是,我决心用雕塑的方式来塑造历史上那些伟大的人,让他们形成丰碑,形成一本"立体的教科书"。到目前为止,我已经创作了600多个伟大人物、英雄人物、历史人物、文化人物、科学人物的雕像。他们立在中国的大地上,也立于世界几十个国家和地区;在博物馆,在城市广场,也在大中小学校,在教科书上,以无声的语言与世界交流,与我们的人民交流。当然,一定也会与未来交流。

记　者　您是如何通过雕塑艺术实现这种交流的?

吴为山　比如人教版小学二年级的语文课文《雷锋叔叔,你在哪里》,就将我创作的雷锋雕像作为插图。我把这件作品捐赠给了辽宁雷锋干部学院,也捐赠给了许许多多的中小学,当孩子们在这个雕像面前朗诵《雷锋叔叔,你在哪里》这篇课文时,雕塑就走进孩子们中间,走进孩子们心灵,那就是雷锋精神——他"活"了。

我创作的孔子、老子像,矗立在中央党校,立在国际上许多重要的机构，也立在不少国家的广场。比如在巴西、在希腊雅典卫城脚下，就立有我创作的孔子像，他与古希腊哲人苏格拉底进行一场哲学的对话；我创作的杜甫像立在乌克兰的广场，与乌克兰诗人、艺术家谢甫琴科进行一场诗歌的对话；我创作的齐白石像立在意大利，与达·芬奇面对面在一起，进行超越时空的艺术对话……这，就是中华文化的魅力。

30多年来，我就在做这件事情，通过中华历史人物的塑造来传播中华文化，让中华文化的精神、中华民族的伟大历程，通过那些杰出人物脸上的沧桑痕迹来体现。雕塑艺术是我这么多年来一直在认真研究、努力探索、不断创新的艺术门类，也是我艺术生涯重要的试验点、实践点、探索点。历史是由人民所书写的，杰出人物是人民的代表，塑造他们的过程，也是研究中国历史的过程。

融汇古今中外，推动创造性转化、创新性发展

记　者　您的雕塑作品，在很大程度上体现了您在2002年提出的"写意雕塑"理论。当时为什么会有这个提法？

吴为山　在研究、创作这些杰出人物的过程当中，我认为必须要用我们自己的雕塑艺术来表现，达到形式与内容的统一。

为活着的人塑像是西方的艺术，亚里士多德、柏拉图这些人物雕像都留下来了。大家知道，中国古代没有为活着的人塑像的习惯，古代也没有照相机，所以我们民族历史上几乎没有留下那些杰出人物的真实肖像。我们为先哲塑像，想象就成为塑像成功的关键。如果要做得形神俱备，把人物精神做出来，让人认可，认为就是心中的形象，写意是最好的选择。所以，我提出了"写意雕塑"。我认为，今天中国雕塑、绘画、书法、工艺美术的审美价值、审美特性，应该融会西方的写实，乃至西方现代主义运动当中那种抽象表现、形式探索以及视觉艺术革命的成果。把中国跟世界、古代与现代融会在一起，把雕塑艺术和其他姐妹艺术融会在一起，把造型艺术和中国的文学、哲学融会在一起，就是一种创造性转化、创新性发展。

记　者　国际艺术界、文化界如何看待和评价"写意雕塑"？

吴为山　美国著名汉学家、哲学家安乐哲先生，20多年前在南京博物院吴为山雕塑馆里面看到一件齐白石雕像，很感动，说要放到他翻译的老子《道德经》封面上去，因为雕塑体现了中国"文化老人"的风采。他很好奇，问我为什么塑这么多齐白石，是不是有什么亲戚关系？我告诉他有关系，就是我们的血管里都流淌着中华文化的血液。我以齐白石为蓝本、为模特、为表现对象，在不同的阶段塑造了许许多多不同时期的齐白石。这就是"写意雕塑"的探索与实践。

　　今天，关于"写意雕塑"的学术研究正在世界范围内展开。"写意雕塑"已经成了中国当代雕塑艺术与世界对话的一个重要符号，"写意雕塑"理论也逐步在主流艺术界产生影响。西方的一些大艺术家对中国的"写意"极为赞赏，不仅仅欣赏中国的"写意雕塑"，更对中华文化当中的"意象"产生浓厚的兴趣。中华文化是一个无尽的宝藏，我们要对它不断深入认识和利用，对这些"原矿石"进行锤炼，让它生成新的价值，并将此价值发扬光大。

艺术的继承发展，要有时代的力量、群体的力量

记　者　2023年恰逢中国美术馆建馆60周年。作为"掌门人"，您如何看待美术馆在文化事业中的意义？如何借助美术馆的力量推动中华优秀传统文化传承创新？

吴为山　艺术的继承发展，仅靠一己之力是远远不够的，还要有群体的力量、时代的力量。我们应该大力弘扬中华优秀传统文化，对于中华文明的连续性、创新性、统一性、包容性、和平性五个突出特

性要进行深刻研究、深刻理解、深刻把握。它们是历史进程中，由无数优秀的文艺工作者、文化巨匠以及广大人民共同努力创造出来的。

作为中国唯一的国家艺术博物馆，中国美术馆目前珍藏着13万余件古今中外艺术精品，已举办超过5500场展览，年接待观众逾百万人次，每年开展公共教育活动50余场。中国美术馆正以开放的姿态，成为典藏文化艺术精品的国家宝库、丰富大众精神文化生活的"文化客厅"、中外艺术交流互鉴的重要窗口。

我们把典藏作品进行很好的梳理，通过各种展览让人民群众、广大艺术工作者，以及外国观众看到。那些曾长眠在库房里的作品、"养在深闺人未识"的作品，终于在国家美术的殿堂、化育大众的平台、国际交流的窗口——中国美术馆，与这个时代见面。

新时代以来，中国美术馆以艺术助力构建人类命运共同体为目标，提出国际交流"三个一"的理念——一张脸、一颗心、一个魂。"一张脸"是指民族国家的文化特征，"一颗心"是彼此坦诚真挚温厚之心，"一个魂"是共同维护珍爱和平之魂。这些作品也随着国际交流系列展，到墨西哥、希腊、法国、韩国、日本、新加坡等国家去展示，让人们了解一个有着厚重历史和博大精深文化的中国，了解一个欣欣向荣、蓬勃发展的中国，也了解中国人民一直以来的不懈奋斗，了解中国艺术家的创作、创造与创新。

记　　者　下一步，中国美术馆将着力做好哪些工作？

吴为山　作为一个国家美术馆，它应该弘扬优秀传统，激励艺术创新，及时地、不断地把历史上的优秀作品展示出来，让人们从中获得创新力量，获得创新资源。

2023年是中国美术馆建馆开放60周年。习近平总书记2023年5月21日给中国美术馆的老专家老艺术家回信说，中国美术馆有力见证了新中国美术事业的蓬勃发展，在典藏精品、展览展示、公共教育、对外交流等方面守正创新，取得了积极成效，同时希望我们在高质量收藏、高水平利用、高品质服务上下功夫，努力打造新时代人民群众欣赏美术佳作、提升文化素养的国家级乃至世界级艺术殿堂。

中国美术馆将以建馆开放60周年为新起点，在"高质量收藏、高水平利用、高品质服务"上下功夫，在弘扬中华优秀传统文化的基础上激励创新，讲好中国故事、化育大众的同时，把世界优秀艺术创作引进来，形成双向对话，在新时代新征程上继续贡献美的力量。

中国美术馆

（余如波）

文化传承发展
百人谈
19

提 要

- 敦煌，一座千年前画在墙壁上的博物馆，浓缩了中国上千年的绘画史，留下了如此精美的绘画和雕塑艺术，我们理所当然还应继续扩大它的知名度

- 数字化建设是文物保护的另一种思路和方法。采用数字化这种方式，就可以建立一个永久的数字档案，实现莫高窟的永久保存和永续利用

- 我们必须在保护好洞窟的基础上谈文旅融合，以实现既传播文化又促进地方经济发展的目的

苏伯民　敦煌研究院院长

人物简介

苏伯民，甘肃定西人，理学博士。从事敦煌壁画保护及相关研究工作30多年，主持和参加了多项壁画研究项目和壁画保护工程，率队攻克壁画"癌症"酥碱、起甲的修复难题，拥有多项文物保护发明专利，牵头完成制定多项文物保护的国家和行业标准。参加的"古代土建筑遗址的加固研究""敦煌莫高窟第85窟保护修复研究""文物出土现场保护移动实验室研发与应用"分别获得1999年度国家文物局文物科技进步奖二等奖、2004年度国家文物局文物保护科学和技术创新奖二等奖、国家科技进步奖二等奖。

把敦煌研究院建设成为世界文化遗产保护的典范和敦煌学研究的高地

——专访敦煌研究院院长苏伯民

2023年11月底,远在中国西北大漠深处的敦煌,最低气温已到零下,莫高窟旅游淡季已经到来。然而,伴随晨光熹微,仍有三三两两的游客提前到游客中心等候景区开放。天南海北的口音,交织着对莫高窟的向往。

敦煌,丝绸之路上一颗熠熠生辉的明珠。这里曾是古代东西方文明交会之地和丝绸之路的重要驿站,也有世界上现存规模最大、延续时间最长、内容最丰富、保存最完整、艺术最精美的石窟——莫高窟。自1944年国立敦煌艺术研究所成立以来,一代又一代文物保护工作者迎着大漠风霜和漫漫黄沙,日复一日、年复一年守护着这些艺术瑰宝。他们被称为"敦煌守护人"。扎根敦煌30多年的苏伯民,就是他们中的一位。

敦煌壁画保护现状如何?敦煌文化如何传承弘扬?2023年11月27日,苏伯民在接受四川日报全媒体"文化传承发展百人谈"大型人文融媒报道记者的专访时表示,敦煌研究院未来的目标是,沿着前辈们的足迹,继续保护好、传承好莫高窟这个伟大的人类文化遗产,把敦煌研究院建设成为世界文化遗产保护的典范和敦煌学研究的高地。

◆ 选择敦煌

有很多事情值得去干

"择一事，终一生。"这是几代莫高窟人坚守大漠的真实写照。作为甘肃人，大学时学化学的苏伯民，显然没想过自己会在敦煌扎根一辈子。

"1985年大学毕业后，我被分配在兰州一家地质实验室，做的是岩石分析工作。"苏伯民说，20世纪90年代初，敦煌研究院开始开展国际合作，对莫高窟进行科学文物保护，需要找懂专业技术的人。"那时，我对敦煌研究院以及文物保护这个领域都不了解，当时研究院的樊锦诗院长和李最雄副院长，给我讲了大概是怎么回事。估计怕我有顾虑，又说，可能会在兰州、敦煌两地工作。在敦煌的时候，就相当于出野外；而在兰州，可以到学校或研究机构做一些实验。就这样，我过来了，也就是一次正常的工作调动。"

言及往事，苏伯民波澜不兴。事实上，20世纪90年代，敦煌研究院的条件很艰苦。而且，敦煌和兰州相距上千公里，这让他和家人长期处于分居两地的状态。

不过，苏伯民对文物保护这份新工作饱含期待，觉得这是一个新鲜的领域，可能有很多事情值得去干。"文物保护的基础，首先是要对各种材料进行分析，弄清楚文物原材料使用的矿物成分，再研究这些矿物颜料在历史变迁中发生的化学及物理变化，最后才能对症下药。这和我学的化学紧密相关。"面对中国文物科学保护工作才起步的发展现状，这位跨界进入文保领域的年轻人，觉得在敦煌大有可为。

敦煌文物保护，最主要的对象是壁画。那些从十六国时期至元代持续绘制的壁画，在历经千年风霜后，面临起甲、酥碱、空鼓、脱落、霉变、烟熏、变色等多种病害。

苏伯民最初的任务，是做敦煌壁画颜料变色的相关研究。当他第一次走进洞窟时，还来不及像游客那样欣赏壁画的精美、感叹人类艺术瑰宝的伟大，就被触目惊心的壁画病变吸引了目光，他像医生观察病患一样，开始了对这些病变壁画的研究。

在很长一段时间里，他几乎把所有时间耗在了实验室里，用仪器分析壁画制作材料，琢磨壁画保存状况受自然和人为因素破坏的程度，思考文物保护的核心问题究竟是什么……此后，他又"回炉"再造，攻读了文物保护方向的硕士和博士。

不断地思考、学习和积累，苏伯民对文物保护的想法也日渐成熟。他觉得，敦煌文物保护值得研究的东西太多了，工作热情持续高涨。

◆ 守护敦煌

耗时7年找到治理壁画"癌症"的方法

在决定对敦煌文物进行科学保护后，国外的文物保护团队也应邀前来开展合作研究。苏伯民先后与日本、美国的团队合作，做壁画的摄影调查，共同进行病害分析以及修复实验。

他发现，国外团队不仅重视实验室的检测分析，而且更强调对文物保护的系统性研究。对壁画的保护并非"头痛医头，脚痛医脚"，而是首先找到壁画出现病害的原因，争取从源头上解决问题。

在和美国盖蒂保护研究所合作时，第一阶段先做外围治沙，然后是壁画颜色的监测，分析大环境对壁画色彩的影响；第二阶段才是针对洞窟壁画病害进行研究和治理。正是这次合作，攻克了有壁画"癌症"之称的酥碱、起甲病害。

他们选择莫高窟第85窟作为实验对象。

85窟是敦煌莫高窟晚唐大型洞窟之一，规模宏伟、保存完整。仅主室内的巨幅经变画就达16幅，堪称莫高窟之最。最关键的是，它几乎集中了酥碱、空鼓、起甲等敦煌壁画的所有病害类型。研究人员希望通过攻克这个典型洞窟的病害，把治理修复方法最终应用于其他洞窟。

这是一套组合拳。他们首先对85窟所有壁画进行全面"体检",用相机扫描式拍摄每一小块壁画,检查各自出现了哪些病害。搞清了病害所在,并不意味着立刻开始"治疗",而是继续在窟内安装探头,对窟内微环境进行检测。

莫高窟现存有壁画的洞窟达400多个,为何有的地方壁画保存完整,有的地方壁画出现问题,是否和不同洞窟的微环境有关?举一反三,他们还从空气环境检测,一路拓展到对壁画背后岩体环境进行检测,探寻岩体环境对洞窟环境的影响。此外,还对壁画制作的材料也进行了系统分析,以探究壁画脱落是否和材料的变化有关。这个工作一做就是两三年,成效也显而易见。研究团队发现,空气湿度的波动,会导致岩体里的水汽向壁画表面移动。水汽把岩体中的可溶盐带到壁画表面,并逐渐累积。当空气湿度高时,可溶盐潮解;湿度低时,就结晶。两种过程不断交替,导致壁画里的孔隙应力发生改变,最终出现壁画酥碱。

耗时7年,壁画"癌症"的病因终于找到了!怎么治疗?要想断根,就得脱盐。

中美专家想到了把盐分从壁画地仗层(又叫基础层、灰泥层、泥层)中取出来的方法——灌浆脱盐技术,也就是往空鼓壁画里注射浆液,当浆液水汽向壁画表面迁移时,可溶盐也因此来到壁画表面,再用脱盐材料把壁画表面的盐分吸附掉,地仗层中的盐分含量就大大降低到安全线内了。即使空气湿度继续波动,也不会再有酥碱、起甲现象发生。

85窟的修复,不仅找到了治理壁画"癌症"的方法,也确立了一整套壁画保护的科学程序,"敦煌莫高窟第85窟保护修复研究"也因此获得2004年度国家文物局文物保护科学和技术创新奖二等奖。

如今,85窟仍在各种仪器设备的严密监测中。监测结果显示,壁画状态非常稳定。

◆ **传承敦煌**
不断提升中华文化影响力

在和莫高窟相伴的上万个日夜里，苏伯民如他的前辈们一样，渐渐爱上了这里。

他主动去听老专家的讲座，查阅与敦煌有关的书籍，渐渐感悟到它在世界上的独一无二。"这样一份珍贵的文化遗产交在我们手里，保护好它就是我们的责任。"

他也被常书鸿、段文杰、樊锦诗等敦煌研究院的历任"领头羊"扎根敦煌的事迹所感动，"那么优秀的学者都选择在这里坚守一辈子，像我们这样的普通人，有什么坚持不下来的呢？再说，这些年可干的事情太多，这种一直在成长和进步的状态，让人感觉很充实。"

在从事敦煌壁画保护及相关研究的那些年，苏伯民主持和参加了10多项壁画研究项目和壁画保护工程。古代土建筑遗址的加固、不同含盐量的壁画地仗层吸湿和脱湿速度的比较、高分子材料如何应用于莫高窟壁画保护等研究，都取得了可喜成果。

2021年8月，苏伯民出任敦煌研究院院长。原本一门心思扑在文物保护上的他更忙了。

"我们未来几年的主要目标，就是按照习近平总书记2019年在敦煌研究院座谈时指出的那样，把研究院建设成为世界文化遗产保护的典范和敦煌学研究的高地。"苏伯民说，这几年，敦煌研究院不断深化敦煌学研究，已逐步将敦煌研究院打造成吸引全球学者参与敦煌学研究的高地。在这里，可以通过国际学术会议等方式展示、发表和交流最新的敦煌学研究成果，揭示敦煌文化和丝绸之路沿线历史遗存所蕴含的哲学思想、人文精神、价值理念和道德规范等。

目前，敦煌研究院是国家文物局首批重点科研基地，国家古代壁画与土遗址保护工程技术研究中心也设在这里，"未来，我们除了继续做好莫高窟的保护管理,还要为全国各地的文物保护提供技术支持和人才培养。"

敦煌文化的传承与弘扬甚至文旅融合发展,都是苏伯民关注的问题。最近5年,以展示敦煌壁画和雕塑艺术为主的敦煌艺术大展,已在海内外举行了五六十场,除国内城市,英国、德国及奥地利都有大展的足迹。"现在敦煌的知名度的确越来越高,但还有继续拓展的空间。这样一座千年前画在墙壁上的博物馆,浓缩了中国上千年的绘画史,留下了如此精美的绘画和雕塑艺术,我们理所当然还应继续扩大它的知名度。"苏伯民介绍,除继续科学合理开放莫高窟外,与敦煌有关的书籍将陆续出版,相关的学习游玩小程序也将不断推出。此外,敦煌艺术大展每年也将继续举办,并计划进入更多欧美国家和地区,让世界了解敦煌,不断提升中华文化的国际影响力。

莫高窟第45窟 – 西壁龛内 – 彩塑一铺 – 盛唐
敦煌研究院提供　吴健摄

莫高窟第61窟－中心佛坛殿堂窟－五代
敦煌研究院提供　吴健摄

莫高窟第112窟－南壁－反弹琵琶
敦煌研究院提供　吴健摄

对敦煌壁画的保护，永远要放在首位

敦煌文保探索出一套科学方法

记　者　从20世纪40年代开始，几代莫高窟人坚守大漠，守护着这里的珍贵文化遗产。如今敦煌壁画的整体情况如何？

苏伯民　敦煌莫高窟现存735个洞窟，其中492个洞窟有壁画。在敦煌壁画持续营造千年后，我们还能看到它们，这和自然环境有很大关系，主要是因为敦煌干燥的气候有益于壁画保存。当然，这也和古代工匠制作壁画的精细工艺以及使用的矿物颜料有关。再加上近80年来，我们不断探索壁画的保护和修复办法，已摸索出一些成功经验。我们不断对壁画病害进行修复，基本上抢救性的保护修复工作已经完成。现在开展的部分洞窟的修缮工程，只是针对局部问题进行。根据我们现在监测的情况来看，90%的洞窟非常稳定。

记　者　莫高窟的保护经历了哪些阶段？取得了哪些成果？

苏伯民　敦煌莫高窟从16世纪中叶一直到1944年国立敦煌艺术研究所成立的几百年间，因为各种原因任由自然破坏，没人去精心维护。敦煌研究院前身——国立敦煌艺术研究所第一任所长常书鸿刚来的时候，这里一片破败，岩体疏松有坍塌的危险，窟前栈道损毁严重，下层洞窟大多被沙子堵上，窟内有的壁画脱落，有的彩塑倾倒，问题很多。

我们的前辈当时来到敦煌，首先做的并非研究壁画或临摹，而是治沙：把沙子从窟前和窟内清走，窟外挖防沙沟，修筑围墙，防止人为破坏等，这是初步的洞窟整修时期。1957年，我们引进捷克斯洛伐克专家来修复起甲壁画，但是对方不告诉我们使用的是什么材料。他们走后，大家只能摸索筛选出合适的修复材料，结合注射修复的方法，及时抢救性修复了两三千平方米的壁画。当然，时隔多年后，我们发现一些修复过的壁画又出现了问题，也不知道是什么原因，这才有了后面系统科学的研究和修复。从20世纪40年代到60年代差不多20年里，那批人可以说非常艰苦，除开展相关工作，还要克服生活上的重重困难。

20世纪60年代初，周恩来总理批准，国家拨款100万元，对莫高窟的岩体进行全面加固，对莫高窟的长期保护起到了关键性作用，这算是初级的保护整修。

后来，就是石窟加固阶段以及莫高窟的科学保护时期。这些年，我们科学研究的成果和保护技术越来越多，像壁画起甲、空鼓、酥碱的修复以及其他病害，都有相应的治理技术和特殊的施工工艺，已经形成比较完善的技术体系。敦煌研究院制定的一些文保及修复标准，已成为国家和行业标准。

预防性保护防患于未然

记　者　文物产生病害后进行治理是迫不得已，该怎样预防敦煌壁画"生病"？

苏伯民　这就是文物预防性保护越来越被重视的原因。莫高窟是不可移动文物，始终处在自然环境影响下。预防性保护，就是从根本上防止自然环境以及人为因素对莫高窟以及壁画造成不良影响。

我们首先要对莫高窟所有风险因素进行梳理。搞清楚大环境温湿度的变化规律，以及这种变化甚至风沙对不同洞窟的影响。举例来说，酥碱、起甲的壁画，虽然通过治理把地仗层中的盐脱出来了，但还要防止壁画后面岩体中的可溶盐向表面迁移。为阻止这个过程，就要保持洞窟湿度处在一个稳定值，不能波动太剧烈。通过研究，我们发现洞窟的湿度要控制在62%以内，超过这个湿度值就要通风换气进行除湿。所以，现在我们对每一个洞窟都在进行长期监测。如果下雨，外面空气潮湿，就要关闭窟门，防止湿空气进入洞窟；如果雨后外面大晴天，这时候就要赶紧开门，让窟内的湿度降下来。

另外，游客进入洞窟参观时，呼出的二氧化碳和湿气都会在短时间内造成洞窟温湿度升高。根据测试，一次性进入25位游客时，温湿度会增加2%—3%，属于允许内的波动范围。一旦超过安全值，就需要让洞窟休息几天。

此外，我们的预防性保护还包括洪水和地震防范。预防洪水主要是对宕泉河上游进行监测，如果上游几十公里外发生山洪，莫高窟外的河道能否经得起冲刷？洪水会不会漫上来侵蚀洞窟？为防患于未然，我们加固了河道，基本上不存在洪水冲垮河道或洪水漫溢的情况。即使遭遇百年难遇的洪水，也会通过一些方式让洪水顺着河道流走。

至于地震，根据莫高窟所在的地理条件，这里发生地震的概率很低。但为了防止震动对洞窟的影响，现在洞窟内所有的施工项目都要防止机械施工引起岩体震动，所以施工项目都尽量避免机械设备。

当然，莫高窟外面也不允许汽车行驶。因为汽车尾气多少会对莫高窟本体造成影响，我们尽可能使壁画处在空气质量较好的大气环境中。

文旅融合的基础是保护

记　者　敦煌旅游这几年持续火爆，我们怎样实现文物保护和文旅融合协同发展？

苏伯民　文旅融合发展，文化是旅游的灵魂。所以文物的保护永远要放在首位，一点都不能含糊。我们必须在保护好洞窟的基础上谈文旅融合，以实现既传播文化又促进地方经济发展的目的。

莫高窟的游客承载量有限，每天的观众人次严格限定，如何做增量？那就是把旅游旺季延长，呼吁大家淡季来敦煌。2023年莫高窟的游客数量比2019年增加了大约20%，达到250万人次左右，就是因为旅游旺季提早了一个月。

对来到莫高窟的游客，我们每天严格按6000人+12000人执行，也就是每天接待的游客总量不能超过18000人。其中，6000人买票后可以正常参观，12000人是应急名额。应急游客看不了数字电影，只能参观4个通风条件较好、应急开放的大型洞窟，满足到莫高窟打卡的愿望。

莫高窟的数字电影，是游客到莫高窟参观时的第一站。大家来了以后，首先看的不是石窟，而是在莫高窟数字展示中心通过球幕电影360度无死角提前"逛"石窟。洞窟里看不真切的一些细节，在这里纤毫毕现。它一方面是帮助游客尽量多地了解壁画信息，同时也缩短了在洞窟参观的时间。

通过这样的探索，不仅坚守了保护为主的底线，增加了游客的体验感，也进一步弘扬了敦煌文化。

此外，游客应该还能感受到，讲解员也是莫高窟旅游的一大亮点。我们的讲解员招聘进来后，会邀请专家学者为他们进行专业培训。讲解员还有出国深造的机会，可以不断提升讲解水平。

如果大家喜欢敦煌文化，除了到莫高窟参观外，也可以通过我们的线上数字化展示以及普及类读物，足不出户就能感受到它的魅力。

文物保护利用的另一种思路

记　者　说到数字化建设，敦煌研究院开展这个工作的动因及成果是怎样的？

苏伯民 数字化建设是文物保护的另一种思路和方法。因为文物保护工作只能尽可能延缓文物的衰老,而不能彻底阻止。那么,采用数字化这种方式,就可以建立一个永久的数字档案,实现莫高窟的永久保存和永续利用。现在,我们已形成文物数字化采集的整套标准技术,并大规模应用于莫高窟壁画、彩塑的数据采集。我们已采集了将近290个洞窟的高精数据,三维重建了206个洞窟。在未来5—10年的时间内,所有洞窟的数字化工作要全部做完。

记　者 文物数字化怎样运用于文物保护?公众从哪些方面可以分享到文物数字化的成果?

苏伯民 最直接的就是信息完整记录下来后,可以进行资料对比。如果让做文物保护或考古的研究人员到洞窟实地观察,光线昏暗可能看不仔细,还要耗费大量时间。高清数字化采集信息后,坐在电脑前就可以观察每一个壁画细节。事实上,过去30年来,我们每年都会对壁画重点部位进行拍照对比,令人欣慰的是,壁画变化非常小,几乎看不出来。

这些年来,我们积累了海量数字资源,也开始了大量运用。简单来说,这些资源让我们在莫高窟实体外创造了一个虚拟"孪生世界",让"窟内文物窟外看"成为可能。

此外,我们和腾讯合作的数字藏经洞已经上线。它综合运用了高清数字照扫、云游戏等技术,生动复现了藏经洞及其百年前室藏6万多卷珍贵文物的历史场景。把文化遗产与云游戏技术结合,创造了一种比较新颖有趣的学习了解敦煌文化的模式。

2016年,我们还上线了"数字敦煌",大家可以在网上全景漫游莫高窟最美的30个洞窟。尤其是基于区块链的数字文化遗产开放共享平台"数字敦煌·开放素材库"上线,部分资料向全球开放,激起了强烈反响。我们一直在做的敦煌艺术大展,主要依托的也是数字化资料。以前,外展只能靠画家临摹，特别耗时，而且临摹壁画也是准文物。现在依托数字化资源，很快就可以高清复制出壁画和洞窟，投入展览。

未来，数字化运用的方式还会更多、更友好，争取让全世界更多人了解到中华优秀传统文化的魅力。

（吴晓铃）

20 文化传承发展百人谈

提 要

- 历史文化遗产是不可再生、不可替代的宝贵资源，凝聚着中华民族的智慧和民族精神，必须让文化遗产资源有尊严地活起来、传下去

- 我们拥有灿烂的文化遗产，但是也要善于讲好故事，才能有文化的力量，才会有话语权

- 迄今为止，中国入列《世界遗产名录》的已有57处之多。其实每一处世界遗产的申报，都是在保护之外讲好文化故事的探索

- 我们要尊古却不复古，要有新的创造运用于今天的生活，这是我们今天文化遗产保护的一个理念

单霁翔

中国文物学会会长
故宫博物院学术委员会主任

人物简介

单霁翔,江苏江宁人,清华大学建筑学院城市规划专业工学博士。历任国家文物局局长、故宫博物院院长等职务,现任中国文物学会会长、故宫博物院学术委员会主任、青城山-都江堰文化遗产研究院名誉院长等。担任故宫博物院院长期间,推动故宫扩大开放、提升展陈水平、推出故宫文创产品,让拥有600余年历史的故宫焕发出新的生机,被网友亲切地称为"网红"院长。

把一个壮美的紫禁城完整地交给下一个600年

在中国文博界，故宫博物院前任院长单霁翔是有名的"网红"级人物。在出任故宫"守门人"期间，他力主扩大开放、提升展陈水平、打造花样繁多的文创产品，层出不穷的手笔让故宫火出了新高度。事实上，单霁翔还是一位优秀的文化遗产专家。早在20世纪80年代到日本留学时，他就已开始从事历史性城市与历史文化街区保护规划的研究。出任国家文物局局长之后，更是全身心扑在了全国的文化遗产保护及利用的工作上。

从故宫博物院院长职位上退下来以后，单霁翔依然不得闲。他参与策划并录制《万里走单骑》、录制《博物馆之城》《登场了！北京中轴线》等节目，受邀在各种论坛上演讲文化遗产保护，每天坚持写作并汇成书籍出版，带领大家了解传统文化……这位慈眉善目且一直步履匆匆、语音铿锵的长者表示，历史文化遗产是不可再生、不可替代的宝贵资源，凝聚着中华民族的智慧和民族精神，必须让文化遗产资源有尊严地活起来、传下去。

◆ **与文化遗产保护深度"绑定"**

2023年10月，单霁翔再一次来到四川。此次四川行，他是应邀参加2023青城山-都江堰世界文化遗产保护利用人才峰荟，并进行文化遗产活化利用的主题演讲。现场，单霁翔风趣地调侃："以前《四川日报》用

《单霁翔又来了》的标题,来形容我经常到四川出差。今天,单霁翔的确又来了……"单霁翔的人生轨迹,似乎注定与文化遗产联系在一起。

他祖籍江苏江宁,在沈阳出生,3个月大的时候随工作调动的父母到了北京,那时候开始辗转居住于北京不同的四合院,"所以我比较熟悉这种接地气、望星空的院落建筑。"从小到大,单霁翔没少去参观文化古迹,长城、故宫、周口店、颐和园、天坛,都留下了他的身影,热爱文化遗产的种子不断生根发芽。

后来,当工人的单霁翔有了上大学的机会。他被教育部选派赴日留学,就读建筑学专业,他的毕业论文选择了"关于历史街区保护和利用的研究"方向。回国后,他先在北京市规划局主持北京市历史文化街区调查,推动北京在全国率先批准设立了北京旧城25片历史文化保护区。此后他又成功主持了国子监街历史文化街区保护整治试点,让这条具有700多年历史的街道逐渐恢复传统风貌特色,国子监街重获新生。

故宫角楼

单霁翔很快和文化遗产保护深度"绑定"。

北京，六朝古都。800多年的建都史，留下了丰富的文化遗产。在经济飞速发展的时代，如何留存珍贵的文化遗产？1994年，单霁翔出任北京市文物局局长。当时，"故宫周边52米宽的护城河筒子河和城墙中间，居然有400多户居民、20多个单位挤在那片狭长的地带上。他们向筒子河排放污水的管道共有465条，河水的水质是劣V类。"面对这种情形，北京开始了对故宫筒子河的整治。经过多年努力，筒子河沉积多年的淤泥被清除干净，故宫渐渐换上了"碧玉丝带"。

那些年，北京市文物局相继开展了圆明园遗址内住户和单位搬迁、明北京城墙遗址环境整治等保护整治规划，让承载着厚重历史的文化遗产变得越来越有尊严。

作为专业的注册城市规划师、热爱传统文化的"老北京"，单霁翔的心中始终牵挂着北京的古老建筑。2000年，单霁翔担任北京市规划委员会主任，最担心的一件事，就是一些大体量的建筑侵入北京中轴线和故宫的核心景观中。"因为那时北京要准备2008年奥运会，很多工程在上马，整个北京就是一个大工地。"单霁翔履新后，北京在规划上便采取了两项措施：把可能产生大体量建筑群的项目转移到四环，在北京中轴线两侧以及故宫、天坛等世界遗产的周边划下建设控制地带。这项措施不仅保留了二三十片历史文化保护区，保护了以北京胡同、四合院为主的历史地段，还让当下北京中轴线申报世界遗产成为可能。单霁翔欣慰地表示："从北京的永定门到钟鼓楼，7.8公里的中轴线百年来发生了巨大变化，但中轴线上的古建筑群还基本完整，两侧大面积平缓开阔的对称格局以及景山这样统领天际线的高点依然还在。"

◆ 给六百年历史的故宫做"守门人"

在北京四合院里长大的单霁翔，没想到退休前的最后一个岗位，是给

"世界最大的四合院"故宫做"守门人"。

2012年,单霁翔履新故宫博物院院长一职。"去之前,我知道这里是全世界收藏中国文物最丰富的一座宝库,还是全世界参观人数最多的一座博物馆。然而当了故宫的员工以后,才发现这个门真的不好看。"

当时的情形,单霁翔至今仍历历在目。"说故宫是世界上现存规模最大、最完整的古代木构宫殿建筑群,可大部分区域竖着'非开放区、观众止步'的牌子,人们进不去;说藏品多,可99%的藏品锁在库房里;说观众多,可人们进了故宫,大多数人都是跟着导游的小旗子目不转睛向前走,不到两小时就逛完了。"每天,单霁翔看着观众离去的背影,"觉得很不是滋味。"他开始思索,故宫这样伟大的文化遗产究竟能给人们带来什么。"后来我在想,我们真的不缺资源,缺的是人文关怀。我们的工作不能以自己管理方便为中心,而是一定要服务于观众、以老百姓的方便为中心。"

一场为时3年的故宫环境大整治由此开始。他们首先清理了故宫未开放空间里散落堆积了几十年的文物,把它们一一清理修复;把曾经因为开放展陈需要卸下来的门窗修复好,专门放到古建筑馆陈列;把将近200间

故宫一角

房子里堆着的樟木箱、紫檀箱等文物修复后，专门建立仓储库房保管。甚至对散落在房间炕上的被子、褥子、毯子等古人用过的东西进行除菌、织补，专门兴建织绣库房单独保管。

作为故宫"守门人"，单霁翔穿着一双老北京布鞋，用5个月时间走遍了故宫所有房间，要求把它们全部清扫干净。3年以后，故宫9371个房间全部清理了出来，达到了扩大开放的标准；1200栋故宫古建筑上没有一根杂草；内金水河上的上百条管道经过整改全部埋到了地下。此外，故宫还开始去商业化。单霁翔认为，"人们到故宫是看古建筑群，不是买东西逛市场。"所以太和门、乾清门等卖东西的地方全部拆除。今天人们走在故宫博物院的中轴线上，看不到任何一处商业建筑。几十年来，故宫博物院积累了135栋临时建筑，在单霁翔的努力下，于2016年10月全部拆完。

尤其关键的是，单霁翔还要求把故宫收藏的上万件不同时期的雕塑进行了修复，专门把慈宁宫改造为雕塑馆进行陈列，让文物有尊严地展示出来。而在此之前，周总理特批给故宫的秦始皇陵兵马俑裹着海绵倒放在库房的台阶底下，高达3米多的北齐雕塑被放在了南城墙的墙根，更多雕塑直接一排排在库房"睡大觉"……

"我们在环境整治以前喊出过一个口号，要把一个壮美的紫禁城完整地交给下一个600年。紫禁城是1420年明代永乐皇帝建成的，2020年就是600岁生日。我们有一组数据：2014年故宫的开放面积第一次突破50%、达到52%，2016年达到76%。经过我们的各种努力，故宫受到了越来越多观众的喜爱。所以说我们没有食言，我们做到了！"

◆ **干自己喜欢的事情就是一种放松**

在单霁翔的人生经历中，任国家文物局局长时指导四川文化遗产灾后重建同样是浓墨重彩的一笔。2008年，"5·12"汶川特大地震发生后，单霁翔30多次带队前往灾区，领导和指挥灾后文化遗产保护工作。从气势恢宏的二王庙到古朴沧桑的藏羌村寨，众多文物古迹在灾后修复中重获新生。四川灾后文化遗产抢救保护工作的做法和经验，被国际社会高度评价，认为"开创了全世界灾后文化遗产保护的新模式"。

在单霁翔看来，地震灾区有很多历史文化遗产，如果得不到有效保护，受到根本性破坏，将造成不可挽回的损失和遗憾。灾后重建，既要重建物质家园，也要重建精神家园。2008年5月19日，单霁翔前往地震灾区考察灾情，带头穿过倒塌的二王庙古建筑群，爬上损毁严重的窦圌山云岩寺。他说只有深入到文物受损最严重的地区，才能对受损文化遗产了如指掌，也因此对文化遗产抢救保护的紧迫性、重要性感受最深。

曾经受损严重的都江堰、青城山古建筑群，如今重新迎来了如织游客；藏羌碉楼和村寨原址原样重建，老百姓居住在传统建筑中享受着现代生活，民族村落文化景观得以鲜活延续。尤其是都江堰古建筑群的及时、科学、高质量修复，对恢复城市功能、促进都江堰市的经济社会发展、振奋灾区民众重建家园的信心、支撑旅游业和其他产业发展、提供社会就业岗位等具有积极意义。然而回忆当年深入灾区，单霁翔云淡风轻，说"忙碌了一天，吃一碗3块钱的豆腐脑时最幸福"。

这位对文化遗产爱若生命的人，退休以后自然也闲不下来。

2019年4月，单霁翔退休了，他终于有了更多时间干想干的事儿——

写书。很难让人相信，单霁翔退休后的这几年，已经写了18本书。"现在我坚持一上飞机火车就写作，在家里闲暇时更要坚持动笔。每天写上千字，两三个月就形成一本书，希望让更多的人来了解中国传统文化。"2022年，单霁翔的新书《故宫的声音》出版。为了让书籍也活起来，他花了7天朗读了全书，然后在书籍封皮上加了一个二维码。哪怕不买书，只要一扫二维码，就可以听到书的全部内容。"可能这个决定出版社不一定高兴，但我们不就是为了讲好文物的故事嘛。"他轻松一笑。

参加综艺节目。这得益于单霁翔出任故宫博物院院长时，《我在故宫修文物》节目在网络上的突然爆火，让他发现了如何在古老的文化遗产和年轻人之间搭建起一座桥梁。央视《国家宝藏》拍摄,他亲自推荐除了故宫以外的8家博物馆,说服他们试水综艺;《万里走单骑》更是亲自参与策划,并随节目组奔走于全国各地,通过行走、交流的方式讲好文化遗产的故事,让人们能够感受到遗产保护的意义。

这样马不停蹄的生活累不累?在单霁翔看来,干自己喜欢的事情就是一种放松。择一事,终一生,自有乐趣在其中。

从文化遗产中收获文化的力量

> 作为资深的文化遗产专家,单霁翔来川的大多数时间都离不开分享文化遗产保护以及活化利用的经验。2023年10月四川都江堰之行,他以青城山-都江堰文化遗产研究院名誉院长的身份和包括川观新闻在内的媒体分享了青城山-都江堰这处世界文化遗产如何活化利用的新思考,也对三星堆、金沙遗址联合申遗表示了乐观预期。他强调要讲好文化遗产背后的故事,才能收获文化的力量,对内惠及公众,对外拥有话语权。

文化遗产保护需要讲好故事

2020年9月,"第二届大河文明旅游论坛暨世界旅游联盟·黄河对话"在山西举行。当时有一个国家的驻华大使很骄傲地说他们国家有5000年文明，比中国早了2000年。听了他的致辞我真的非常遗憾。因为很长一段时间以来，这样的国际论坛上总有一些国际人士甚至包括我们中国的学者在说中华文明只有3000多年历史。实际上进入21世纪以来，通过中华文明探源工程等一系列重大工程，已经实证了我们拥有百万年的人类史、1万年的文化史和5000多年的文明史。其中5000多年文明史的实证之一就是浙江良渚遗址。良渚遗址不仅发现了城墙、宫殿区、高等级墓葬等，还发现了5000多年前的水坝遗址，被联合国教科文组织认为改写了世界的水利史，是世界上最伟大的水利工程之一。2019年，良渚古城遗址毫无争议被列入《世界遗产名录》。

那次会议上，我以良渚古城遗址为例，表明中华文明早已拥有5000多年的历史。活动结束以后，这位大使向我表示了感谢，解释自己真的不知道中国是有5000多年文明的国家。我告诉他我们都拥有5000多年文明，但也存在不同：我们国家的文明从未中断过！我觉得他应该听懂了我的意思。这件事情告诉我们，我们拥有灿烂的文化遗产，但是也要善于讲好故事，才能有文化的力量，才会有话语权。

迄今为止，中国入列《世界遗产名录》的已有57处之多。其实每一处世界遗产的申报，都是在保护之外讲好文化故事的探索。

山西五台山申报世界遗产的时候，有20多处地点都需要整治。最核心的台怀镇，上千个酒馆、洗脚屋等店铺把古建筑群围得水泄不通。后来我们和当地达成共识，所有的旅游设施退后5公里。一年以后深山古刹的意境回来了，后来五台山成功入列《世界遗产名录》。

另一个例子是嵩山。很多人只知道嵩山少林寺，其实嵩山还有非常深厚的历史和博大精深的文化。那里有很多处精美汉阙，还有漂亮的嵩岳寺塔。此外还有元代郭守敬进行天文观测的观星台，郭守敬当时测定一年有365.2425天，比西方早了300多年。此外，嵩山还有四大书院之一的嵩阳书院。正是我们梳理出了这种百科全书式的文化遗产，才能以"天地之中"历史建筑群成功申报世界遗产。所以说，讲好文物、文化遗产的故事，讲好中国的故事，是我们每个文化遗产工作者的责任。像《我在故宫修文物》，就是第一次把博物馆背后的故事讲给了大家。这些故事非常生动，所以才引起观众兴趣。《国家宝藏》第一次把博物馆的专家和文物工作者请到了综艺节目，把曾经好像离公众很远的博物馆推向了人们的现实生活。我们还拍了《万里走单骑》，每个星期走一处世界遗产，把世界遗产背后的故事讲给大家听。通过行走、交流、参与的方式来讲好遗产的故事，让人们感受到原来中国的文化遗产如此丰富多彩和博大精深，让人们感受到遗产保护的意义。

三星堆和金沙现有发现足以冲刺世界遗产

三星堆和金沙遗址联合申遗，我认为已经具备了相关条件。三星堆和金沙为代表的古蜀文明拥有独特的气质，并且历史悠久，这些已经具有广泛的社会共识。此外三星堆对文化遗产的科学保护态度也令人敬佩，无论是持之以恒对一、二号祭祀坑出土文物进行的修复，还是祭祀区新一轮考古发掘时考古发掘和文物保护同步进行的科学理念，在业内都有目共睹。

我还注意到三星堆除了祭祀区发掘，对三星堆城内其他区域的调查和发掘工作也在持续进行，相信未来还会不断有惊喜发现。即使以现有的发现和展陈，也已经足以支撑它成为世界级的文化遗产。当然，世界遗产不是哪一个国家哪一个地区私有的，它是全人类共同的遗产，还要站在全世界的角度去和世界上其他同时期的文明进行比较研究，揭示出古蜀文明的突出普遍价值。我们要在保护的基础上加强展示和利用，让更多的民众因为遗产保护而受益。

以已经成为世界文化遗产的青城山-都江堰为例，在未来的文物保护和活化利用上，应该意识到文化遗产既要保护利用，还要把祖先创造的灿烂文化完整、真实地传给子孙后代。像都江堰这种伟大的古代水利工程，不仅要把它修得漂亮结实，还要最大限度保留文化遗产的历代信息。这样才有故事，才有值得人们去传承的内容。

要做到活态传承，我们的青城山-都江堰就不应该只是一处走马观花、到此一游的旅游景点，它更应该是一座活态博物馆。无论是古建筑群还是文物藏品，都应该展示出它们的魅力。

这些努力，可以是文旅融合发展，将文化资源转化为产业发展优势，更重要的是通过文旅融合让文化资源融入现代人的生活中。都江堰每年的岁修也是文化遗产活态保护的范例。未来还可以通过研学、青少年教育等各种方式让文化遗产深入人心，让都江堰世界遗产的价值能够得到更广泛的尊重，也让当下的人们能够从中学到更多古人的智慧。

比如，让大家知道都江堰水利工程智慧在什么地方，让大家知道并不只是李冰父子修了都江堰就能一直造福人类，而是我们的历代先贤和一代又一代水利及文物工作者的精心呵护和维修，才能使它永葆健康。

当然，也应该意识到，我们的文物和文化遗产保护工作不是文物部门的专利，我们应该让公众对文化遗产保护有知情权、参与权、监督权和受益权。从这个方面来看，我们应该加大文化传播，加大社会公众与文化遗产的对接和共享，以便更多人能够投身文化遗产保护行列。

文化遗产保护传承和每一个人都有密切关系

文化遗产跟每个人都有密切关系，只不过我们要尊古却不复古，要有新的创造运用于今天的生活，这是我们今天文化遗产保护的一个理念。大家知道潮州有一种叫潮绣的技艺，它的针法技术非常高超。这种技艺今天被医学应用于血管的间断缝合针法。用这种针法缝合的血管，内壁非常平滑，不透水不透气。另一个例子，古代制作青铜器的技艺之一是失蜡法，现在已经应用于我们的国产大飞机。我们攻克了熔模精密铸造技术，应用于国产大飞机发动机部件的生产。这些都算是把文化遗产运用于生活的例子。

此外还有考古遗址公园，很多学者认为考古遗址是做研究的地方，不应和公园混为一谈。实际上这些年我们通过建设国家考古遗址公园，把殷墟、三星堆、金沙等遗址作为公园来保护，人们可以走进去观赏它，最终就会热爱它、尊重它、保护它。其中有一个代表是良渚遗址。我们10多年前去的时候，看到的就是一个浙江普通农村的景象，遗址上有废品回收站、有乡镇企业。最重要的莫角山宫殿建筑群上，还有企业的水塔。此外，大型的印刷厂占据了遗址很大面积，不断增加的农民住宅大量建在遗址上。但是现在的良渚古城遗址公园开放后，已经成为人与自然共生的一个文化景观。每天都有成千上万人进入遗址公园，人们通过数字技术了解5000年前人类如何生存，学习古人怎么制作玉器、盖房子，秋天的时候还可以参加水稻的收割。这些都是文化遗产越来越有尊严的体现，它们已经广泛进入人们的日常生活。

博物馆这种收藏文化遗产的机构，和人们的生活同样密切相关。我一直认为博物馆就应该是人们学习的一个大课堂。20多年前我到欧美的博物馆时，非常羡慕他们的一点就是博物馆里总有同学在上课。所以，后来故宫博物院专门成立了故宫学院，面向社会公众传播中华文化。我们在全国10个城市建立了10个故宫学院的分院，大量教育活动深入社区。故宫知识课堂每次开班都爆满，孩子们在这里面串朝珠、绘龙袍、画盘子、做堆绣、做剪彩、包粽子、做拓片。相信这些在博物馆里长大的孩子，将来一定是对我们中华优秀传统文化有认知有感情的一代。

（吴晓铃）